国资吹响冲锋号

——国企金融工程笔记

叶永刚◎著

GUOZI
CHUIXIANG
CHONGFENGHAO

GONGCHENG

BIJI

人民东方出版传媒
People's Oriental Publishing & Media
东方出版社
The Oriental Press

图书在版编目（CIP）数据

国资吹响冲锋号：国企金融工程笔记 / 叶永刚著. —北京：东方出版社，
2022.2

ISBN 978-7-5207-2481-4

Ⅰ.①国…　Ⅱ.①叶…　Ⅲ.①国有企业—国有资产管理—研究—中国
Ⅳ.① F279.241

中国版本图书馆 CIP 数据核字（2022）第 025375 号

国资吹响冲锋号：国企金融工程笔记
（GUOZI CHUIXIANG CHONGFENGHAO：GUOQI JINRONG GONGCHENG BIJI）

作　　　者：叶永刚
责任编辑：巴能强
出　　　版：东方出版社
发　　　行：人民东方出版传媒有限公司
地　　　址：北京市西城区北三环中路 6 号
邮政编码：100120
印　　　刷：天津鑫旭阳印刷有限公司
版　　　次：2022 年 2 月第 1 版
印　　　次：2022 年 7 月北京第 2 次印刷
开　　　本：710 毫米 ×1000 毫米　1/16
印　　　张：17.25
字　　　数：223 千字
书　　　号：ISBN 978-7-5207-2481-4
定　　　价：58.00 元

发行电话：（010）85924663　85924644　85924641

序　言

　　坐在黄陂老家小屋的窗前，抬头眺望蓝天白云，远方一望无际的田野尽收眼底。抛开多日的应酬和琐事，伏笔案头，终于可以梳理近两年的繁多思绪。

　　这篇序言要回答以下几个问题：一、为什么要写国资企业？二、写国资企业什么内容？三、为什么要用这个书名？

　　之所以要写这本书，与刚刚经历的武汉抗疫有极其重要的关系。新冠肺炎疫情暴发至今，我和家人、朋友们一起，一直坚守在这座英雄的城市。我们经历了从近乎绝望到希望再到终于充满信心的心路历程。疫情一开始，我们就像在熟睡的夜晚遭遇山洪暴发，措手不及，几乎没有逃离的可能。

　　但是，渐渐地，我们看到了曙光和希望！方舱医院建起来了，所有的病人都可以得到及时的救助和护理了。中医药跟上来了，一碗汤药几乎让所有的感染者不再成为重症病人。社区隔离开始实施，病毒从哪里冒出来，就将它们封闭在哪里，消灭在哪里。八方增援上来了，哪里缺乏医疗资源，医疗资源就及时送抵哪里。"方舱医院＋中医药＋社区隔离＋八方支援"，独具中国特色的武汉模式，让我们从疫情中抬起头，

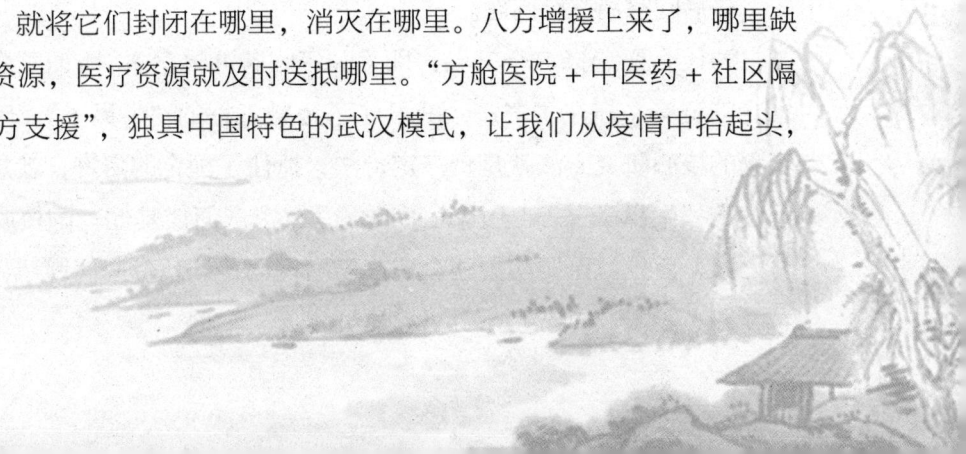

看到了希望。一腔热血开始沸腾，我们需要进一步探索，武汉和湖北甚至全世界的疫后重建到底应该怎么办？

突破口在哪里？我们想到了财政，但财政相对困难。我们想到了金融，但金融机构在金融风险没有有效控制的前提下是很难有所行动的。我们想到了民营企业，但民营企业融资难融资贵，加之疫情已使其受到冲击。最后，我们想到了国资企业。对！国资企业，唯有国资企业，才是疫后重建的突破口！国资企业为什么能够实现突破？因为我们的经济基础和制度优势是生产资料公有制，唯有国资企业可以将生产资料装进去，从而提升其信用评级，扩大融资规模，并通过混改推动民营企业和产业腾飞，从而实现中国经济迅速发展！

国资企业资产规模倍增如何？好！就是好！这不就是"小切口"吗？这不就是"大变局"吗？这不就是我们文化优势和制度优势吗？如此伟业，何乐而不为？

这就是我要写这部书的缘由！

接下来要回答第二个问题。

写国资企业什么内容呢？国资企业资产规模倍增行动计划！国资企业资产规模倍增行动计划对于中华民族崛起的重大战略意义、国资企业资产规模倍增行动计划深处隐藏着的金融工程原理和方法、国资企业资产规模倍增行动计划的路径和方法、国资企业资产规模倍增行动计划的各种模式和方法。写国资企业的这些内容，我们不就可以讲好中国故事，中国的道路不就可以这样走了吗？我们不就可以告诉全世界，中华民族正走上复兴的大道了吗？

最后回答第三个问题。

为什么要选择这个书名，即《国资吹响冲锋号》。所谓国资，就是国企的资产。抓住了资产，就抓住了金融工程的"牛鼻子"。因为金融工程的核心研究方法就是资产定价法，抓住了国企的资产，就是抓住了国企的"牛鼻子"。对于国企来说，没有资产何谈其他！国资吹响冲锋号之意，首先就是要实施国企资产倍增行动计划！资产倍增了，资产规

模就可以翻番了；资产规模翻番了，融资规模就可以翻番了；融资规模翻番了，就意味着 GDP 可以翻番了，就意味着经济可以高质量发展了，就意味着我们不仅提高了经济发展的质效，而且可以创造经济奇迹了！其次，国资吹响冲锋号之意，就是混改。国资一旦混改，国资企业就可以与民企拧成一股绳！这就是中国的"制度自信"和"文化自信"！国资吹响冲锋号，就是国企和民营企业一起走进乡村，做强做大乡村企业，以乡村企业带动农户致富奔小康，从而实现乡村振兴的伟大战略目标！

回答了这三个问题，我又一次抬起头来，眺望远方。蓝天白云之下，故乡的小河充满着激情，流过生机勃勃的田野，汇入远方那滚滚的长江。长江正翻滚着浪花，奔向太阳升起的东方。

雄鸡、布谷、小河的流水和长江的浪涛正在一起合奏："青山遮不住，毕竟东流去。"

请听，共和国的旗帜下，国资的冲锋号正在吹响！

请看，冲锋号正划破天空，我们的国企、我们的民企、我们的乡村、我们的农户，全都在号角声中一跃而起，冲向远方！

2021 年 6 月 13 日于黄陂

目 录
CONTENTS

第一章 疫后重振中的国企及其资产规模倍增

武汉抗疫打响人类抗击新冠肺炎病毒的第一枪！这一枪无疑将会载入人类发展的史册！

这一枪打响之后，这个世界的变化和发展超出了我们的想象！严峻的问题已经摆在我们的面前了！疫后重振的突破口在哪儿？

在国企！在国企的资产规模倍增行动计划！

中国疫后重振的进程将再次向全世界证明：中国的公有制经济与市场经济是可以完美结合的，中国的发展是任何人都撼动不了的！

听吧！我们的国资正在吹响冲锋号！

华盛顿共识与北京共识

时下经常有人怀念邓小平时代及他的韬光养晦之说。我们都是邓小平时代的受益者。

我记得小平同志去世的那一天，我正在美国做访问学者。我当时给自己提出了一个问题：我与这个伟人有联系吗？

当然有。

1. 没有 1977 年全国恢复高考，我就不能上大学。恢复高考是邓小平时代的重大决策，不恢复高考我们连大学的门都进不了。

2. 没有 1977 年全国恢复高考，我也没有出国留学的机会。留学也是邓小平时代的重大决策。

3. 没有改革开放，就没有我家里的那几亩地。家庭联产承包责任制也是邓小平时代的重大决策。

不需要别的，仅就这三件事就够我一辈子纪念他了。作为一个普通农民家庭的孩子，还有多少个比我条件好的家庭从这个时代和这个伟人那里得到了更多"获得感"呢！

然而，时代正在发展变化。进入中国特色社会主义新时代，中国与美国的差距越来越小。要不了多久，中国经济就要赶上甚至超过美国。美国开始焦虑。新冠肺炎疫情暴发后，美国的一些政客开始焦虑，甚至已经失去理性了！

中美过去合作协商的那种时代已经不复存在。挤压和竞争成为主旋律。在这个时代再说韬光养晦已经不合时宜！

这背后深藏着怎样的经济学道理？

在于经济发展的模式不一样了！

苏联解体后，"华盛顿共识"几乎成为全世界的共同追求，几乎就是唯一模式了。而中国的改革开放在美国人看来，走的是和他们同样的道路。然而，当中国的改革开放发展了40多年之后，美国人一看，原来他们搞错了！中国依然是社会主义，是中国特色的社会主义！

而且，更让他们坐立不安的是，中国的这种发展模式，这种被人们称为"北京共识"的发展模式，正在体现中国制度的优势。更不能让他们容忍的是，世界上越来越多的人正逐渐认识这种模式，而且，中国的经济发展正在以一种不可遏制的势头赶上美国！

美国害怕了，美国的很多政治家开始变得疯狂。

中国怎么办？还能像邓小平时代那样韬光养晦吗？

时代变了，韬光养晦不行，没用了。

中国该怎么办？

走自己的路，让美国人害怕去吧。

什么是自己的路？中国特色社会主义。

什么是中国特色的社会主义？从经济学的角度讲，中国特色社会主义就是新的发展理念，就是国企改革行动计划，就是混改，就是扶贫攻坚战略收官后的乡村振兴！

不管美国的政治家多么疯狂，只要中国人把自己的事情做好，这种疯狂就会变成泡影。中国有一句老话，叫"蚍蜉撼树，螳臂当车"，此之谓也。

当武汉的抗击疫情战役进行到后期时，我们就开始考虑武汉该怎么办？湖北该怎么办？中国该怎么办？

为了抗击疫情，财政付出了惨重的代价，地方政府几乎掏空了所有的财政收入！银行呢，实行问责制，政策再好，企业有风险，银行就不

敢放贷。民营企业呢，融资难融资贵的问题一直没有得到很好的解决。

中国疫后重建的突破口到底在哪里？

思来想去，还是中国的国资企业，还是国资与民营共同发展的混改。

我们过去长期存在一个思想的误区，以为国资企业与民营企业水火不相容，国进就一定是民退，民进就一定是国退。这种思想认识主要受到了国外主流经济学家的影响。他们认为国企与市场经济是不兼容的。

中国的新发展理念不是这样的。二者完全可以携手并进，完全可以共创辉煌。中国的经济学者们如果把这一点看清楚了，中国要打的这个经济仗就必胜无疑了。

国企，国企，国企！

一旦中国的国资企业吹响了冲锋号，中国的疫后重建和重振就可以插翅腾飞了！

冲锋吧，国资！

崛起吧，中国！

2020 年 7 月 22 日于珞珈山

珞珈山下

武汉大学坐落于珞珈山上，这里浓荫蔽日，藏龙卧虎，文脉深厚，源远流长。

老师们喜欢晚饭后聚在树下聊天。有一天，一位老师介绍了一篇文章，一位国外的教授写的《中国在改革的十字路口》。

写这篇文章时的中国刚刚经过了"实践是检验真理的唯一标准"的大讨论，中国的改革开放已经拉开了序幕，但国内外对此的认识仍然存在很大的差异。

那篇文章认为中国正处在改革开放的十字路口，面临着何去何从的重大抉择。作者对中国改革的前景并不看好。文章认为计划经济和市场经济的结合将会是一种"劣组合"。它会带来腐败和特权，会通过市场使非法收入合法化。

作者认为计划经济和市场经济是水火不容的两种东西，硬要把这两种东西扯到一起，最后的结果便只有一个"劣组合"。这种"劣组合"会侵蚀经济社会的机体，造成一系列的负面作用，从而导致整体经济的系统性解体和崩溃。

这篇文章的观点引起了大家的激烈讨论和争吵。一晃几十年过去了，中国的改革开放从"山重水复疑无路"，走到"柳暗花明又一村"，谁也无法否认改革开放使中国走上了繁荣富强的这条道路，创造了举世

瞩目的光辉业绩。

为什么中国的改革开放从十字路口走过来，并没有如那篇文章所预言的走进死胡同里面去呢？回想起来，计划经济和市场经济的结合是一个重大的理论问题。这种组合不仅存在劣组合的可能性，也存在优组合的可能性。问题的关键不在于计划经济和市场经济是否能够结合，而在于如何结合。结合得好就是"优组合"，结合得不好就是"劣组合"，这就涉及二者结合的条件问题。

二者结合的一个重要条件就是政企关系。结合的好坏，就要看政企是否分开，政企不分就会形成"劣组合"，而相反，政企分开就会形成"优组合"。中国改革 40 多年的历史充分地证明了处理好政企关系的重要性。

而政企关系中的"企"，主要是指国企而不是民企。国企所拥有的并不是个人所拥有的资源，而是代表政府所拥有的公共资源。

要使国企成为真正的企业，而不是名义上的企业事实上的"事业单位"，使国企真正成为"企业"即成为市场化的经济主体，这恰恰是当前国企改革的重点和难点，这是改革的深水区。这件事情做好了，中国的改革开放就可以真正深化了，中国特色社会主义的制度优势就可以真正体现了，中国的经济就可以在全球真正崛起了。

2020 年 7 月 22 日于珞珈山

珞珈山下

有形之手与无形之手

我这一辈真是幸运极了。

我不仅考进了武汉大学，读上了经济学专业，而且在博士阶段，能够师从谭崇台先生攻读发展经济学。

记得谭先生有一次在课堂上告诉我们：政府的有形之手与市场的无形之手如何结合的问题，既是一般经济学中的一个重要问题，也是发展经济学中的一个重要问题，甚至可以毫不夸张地说，这也是一个世界级难题。如果有谁能把这个问题说清楚，估计可以得两个诺贝尔经济学奖了。

如今谭先生已经驾鹤仙逝了，可是他说的这段话依然回响在我们的耳畔。

后来，随着我们对经济学更加深入的学习，中国开改革开放进程的不断推进，我们明白了，这个问题和经济学的另一个重要理论问题是紧密联系在一起的，那就是市场经济与国资企业的兼容问题。

西方主流经济学和国内不少经济学者过去长期对此持否定态度，认为二者是不兼容的，其理由之一是认为国资企业所有者缺位，国资企业的当家人，不是企业的真正所有者，而是代理人。对于国资企业来说，正因为所有者缺位，所以造成企业和市场运行的低效率。经济学家要研究资源配置的有效性。这种所有者缺位造成了有效资源配置的低效率和

无效性。

从这种理论和观点出发得出的必然结果就是"民进国退"。说得更直白一点，就是"私有化"这条路。

但是实践是检验真理的唯一标准。中国的改革开放所走的并不是全面私有化这条道路，而是中国特色社会主义的道路。而且这条道路越走越宽广。

这是为什么呢？这说明市场经济与国资企业所代表的公司制之间是可以兼容的。

如何兼容？

这正是国资企业改革的目标和任务。从理论上讲，我们要解决的是政企关系，政企关系也是委托人和代理人之间的契约关系，有了这种契约关系就有了明确的责、权、利，国资企业就成了真正的企业，这就回到了我们前面的话题了！政企要分开，责、权、利必须明确。要不然，就会形成"劣组合"了。

2020 年 7 月 22 日于珞珈山

珞珈山问答

在武汉大学，在美丽的珞珈山，有一群忧国忧民的学者。他们无论是坐在家里，走在路上，还是在教室里讲课，总在仰观天，俯察地，"先天下之忧而忧，后天下之乐而乐"。

疫情期间，一位老师给我发了一则短信："叶君，现在疫情肆虐，国际形势严峻，经济情况堪忧。您是经济学家，您说说这该怎么办呢？"

我这样回复短信，告诉他："我近来一直在给北京、省、市"上折子"。希望用金融救经济。一是印钞票，一是借钱。借钱不能靠老百姓，也不能靠企业，要靠政府，政府有大量的闲置资产，可以装进国资企业进行市场化。武汉市每个区县整一个平台公司，资产装到100亿，武汉市10多个区县就可以整出1,000亿以上的资产规模来。这个资产可以按1∶10的比例，撬动银行贷款。这就有10,000亿以上的融资规模了！如果一元钱能带来一元钱的GDP，这就可以撬动10,000亿以上的GDP了。武汉市去年的GDP还不到20,000亿，我们完全可以整合出让武汉市GDP翻番的资金来。如果武汉市打赢这一仗，湖北就赢了。湖北打赢这一仗，中国就赢了！……财政非常紧张。财政是靠不上了，只有靠金融这一条路！来了疫情，白衣战士冲在前面。控制住疫情后，就该我们这些搞经济的人冲上去了。政府的资金有了，尽快和民营企业混改，打组合拳，上市，到全世界上市，到全世界发股票，发债券，用

全世界的钱来为全世界服务……我把这叫作宏观金融工程。珞珈山的发声，应该让全世界都听得见，虽不能至，心向往之！"

这位老师很快给我回了短信。

他希望我尽快将这些想法写成文章，告诉国人。

我告诉他："我们不仅要写文章，向各级政府建言，而且要身体力行，知行合一，带领自己的研究团队按这种思路去践行！"

我们不仅会将这些想法和做法记录下来，还要写成书，留给来人！

2020 年 7 月 9 日于珞珈山

资产整合与产业基金

国资企业金融工程的一个重要突破口是资产倍增行动计划。

国资企业的出资人是政府，是财政代表政府出资，由国资委来进行资本运营。

资产倍增的第一条通道是政府将自己的资产直接装进国资企业。第二条通道是通过并购重组来补充资产，这种并购重组主要是在国资企业之间进行。第三条是混改，指的是在国资企业与民营企业之间进行。

这里要讨论的是第四条通道，即产业基金通道。拿长江新城来说吧。我们可以让长江建投这个国资企业，拿出资金与社会上的资金共同形成产业基金。然后运用这个产业基金来支持主导产业发展。

国资平台可以通过并表的方式，提升自己的信用评级，扩大自己的融资规模。

我们相应地计算了一下，如果长江新城有十大主导产业，每个产业形成 1,000 亿的产业基金，10 个产业就有了 10,000 亿的资产规模。这就从根本上解决了国资企业的资产规模问题。

我们今天在这里召开长江新城产业金融工程座谈会。开完了座谈会，我们内心深处真有说不出的高兴！只要长江新城的国资企业与产业基金形成互动，长江新城的核心问题就可以从根本上得到解决了！

我们完全可以把这种资产倍增与产业基金互动的方式称为"一石二鸟"，平台公司和产业二者都受益了！

2020 年 7 月 18 日于珞珈山

资产倍增与投资集团

　　最近一直在思考中国国资企业的资产倍增问题，我们将国资企业的资产倍增战略实施作为中国国资企业发展的突破口。

　　我的台桌上有一份民营投资集团寻求与国资企业混改的申请方案。

　　毫无疑问，民营企业的投资集团与国资企业混改，完全符合今年两会期间的政府工作报告的精神。政府工作报告提出了国企改革"三年行动计划"。在"三年行动计划"中重要的措施之一就是"混改"。混改的路径很多，我面前这份材料提出一条新的路径，即国资企业与民营投资企业进行混改。

　　什么是民营投资集团？它就是民营的投融资机构。民营投资集团根据投资方向不同而具有不同的类别。

　　我面前提出申请的这家民营投资集团的投资方向是金融机构。因此，它的实质是一家金融控股集团。就我所知，这家民营控股集团的经营状况不错。它目前拥有10家金融机构。总资产规模接近300亿元。去年的营收达到10多亿元，利润达到3亿多元。经营状况好好的，为什么还要申请混改呢？

　　集团公司的高管告诉我，混改后，公司的性质就一下子从民营变成国资了。在中国金融行业，国资金融机构的信用要比民营机构的强大很多。戴上了这顶"红帽子"，公司的业务就可以迅速壮大了！

民营投资集团需要混改。我们的国资企业呢，不一样也需要混改吗？我们的"资产倍增计划"不就是需要混改吗？

我们目前正在给长江新城制定国资企业金融工程方案。我们将"资产倍增"作为重大的突破口。如果我们促成该民营投资集团与长江新城合作，合二为一，长江新城不就新增了一个接近 500 亿元的集团公司了吗？对于长江新城来说，它不仅成立了一家新的子公司，而且，它还可以将这家集团公司放进它的总资产规模中去。通过并表，它可以很快提高自己的信用评级，从而进一步扩大其融资规模。

我们给长江新城提出的目标是要将其总资产规模扩充到 1,000 亿。有了这个 500 亿，再做一个 500 亿的项目，这个任务就可以完成了！

资产倍增 1,000 亿用的办法就是"混改"！民营投资集团混改，就是长江新城金融工程的第一枪！

我们不仅要打响这一枪，而且要将这一枪打得格外响亮。

让这一枪的枪声震天动地，并且，与窗外长江的涛声媲美吧！

2020 年 7 月 8 日于珞珈山

第二章 金融工程原理及其在国企资产倍增中的应用

问：为什么要使国企资产倍增？

答：这是中国经济疫后重振并在全球迅速崛起的突破口！

问：如何使国企资产倍增？

答：运用金融工程的原理使其倍增。通俗来讲，金融工程要"一手抓住三条鱼"：风控、创新和盈利！

国资企业金融工程原理及其应用

1996 年，我有幸到美国康奈尔大学学习金融工程和国际金融。我在那里第一次系统地接触到了金融工程这个崭新的研究领域，并且，在美期间我曾经访问了波士顿的哈佛商学院。

在那里，我看到有一位教授开设了一门公司金融工程的课程。这说明当时在美国，已经有人将公司金融工程作为一个专门领域进行研究了。

回到国内后，我们在中国的这片土地上第一次创办了自己的金融工程专业，并且取得了一系列的研究成果。但是，直到目前为止，中国还没有人在高校将此作为一门课程来开设，也还没看到有人写出专门的"公司金融工程"或"企业金融工程"方面的著作。

正因为如此，我们不仅希望有人系统地研究公司金融工程或企业金融工程，而且更希望有人能够聚焦中国的国资企业，创造具有中国特色的"国资企业金融工程"来。

那么，我在这里提出这样一个问题来供大家思考：金融工程是干什么的？

从定义上讲，金融工程指的是创造性地运用各种金融手段和策略来解决金融财务问题。通俗地讲，我们是"一手抓住三条鱼"。

我们在金融工程教学和研究中，常常运用到一种被称为"金融工程套利图"的图形。

我们还是来看右图吧！

这个图形由两个部分构成。上面一个图形表示经济，下面一个图形表示金融。这个图形所揭示的是金融与经济的关系，即如何运用金融手段去达到财富增加和经济发展的目的。

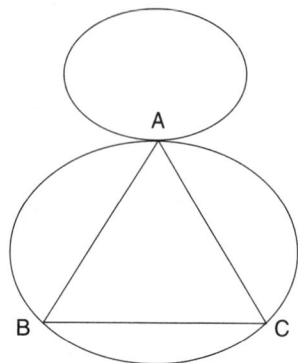

为了达到经济目的，我们的金融手段有哪些呢？

下面的图中有一个三角形。这个三角形上标有 A、B、C 三点。C 点表示风控、B 点是创新点，而 A 点是盈利点。这就是我们所说的"一手抓住三条鱼"，即风控、创新与盈利！

金融工程有三个重要内容：一是"工具论"，二是"公司论"，三是"政府论"。"工具论"就是把金融工具看作一种"资产"，然后研究如何运用各种资产去抓"三条鱼"。"公司论"就是将公司看作一种"资产"或"资产包"，同样是去抓"三条鱼"。而"政府论"则是将政府看作一种"资产"或"资产包"，也是要去抓这个"大资产包"的"三条鱼"。

对于我们的"国资企业金融工程"来说，就是要运用金融工程套利图中所表现的原理和方法，将国资企业看作一种"资产"，去研究如何抓住这种"资产"的"三条鱼"。

这里的每一条"鱼"都有一系列的金融工程措施。将这些措施筛选出来，并且进行优化，这就形成了每一个国资企业的金融工程方案。

有了这些方案，我们的国资企业金融工程就可以行之有效地落到实处了。

2020 年 7 月 29 日于珞珈山

金融工程套利图
与国资企业发展路径选择

我们在这里再来看一下金融工程套利图：

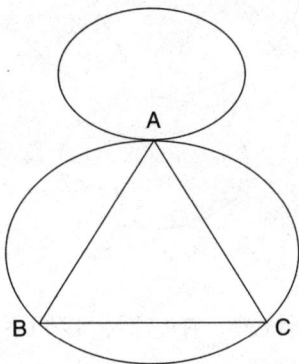

图一

我们可以看到，该图由两个图形构成。我们不妨将上面的图形称为套利空间，或正套利空间。用通俗的话来讲，就是利润，这是从微观讲。从宏观上讲，这就是GDP。

下面的图形代表金融。A、B、C代表我们的金融工程原理"一手抓住三条鱼"。

上面的图形代表目的，下面的图形代表手段。金融工程套利图体现的是目的与手段的统一。

所谓""一手抓住三条鱼"就是要控制 C 点，创新 B 点，突破 A 点。C 点是成本点，B 点是收益点，而 A 点则是成本收益平衡点。突破了 A 点就意味着创造了利润。金融工程的目的就是要创造利润。从宏观上讲，利润之和就是新创造的价值，就是 GDP！

换一个角度来看，图一也代表了我们国资企业经营的目标和任务。也反映我们国资企业的经营状况。我们的国资企业目前可以大致分为两类。一类是盈利企业。一类是亏损企业。图一反映的是盈利企业的现状。

我们再来看第二个图形：

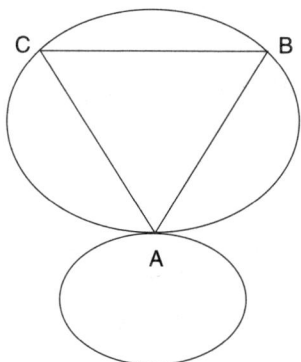

图二

图二反映是一种亏损状态。在这里，我们不仅没有突破 A 点，而且 C 点的成本超过 B 点的收益。

因此，形成了下面的图形，即负套利空间，也就是我们所说的亏损。

我们目前有不少国资企业便处于这种状况。不仅不盈利，而且造成亏损，甚至巨额的亏损。特别是不少地方政府的投融资平台公司，大都是这种状况，构成了我们所说的"隐性债务风险"，或者说"地方政府债务风险"的主要组成部分。

我们再来看一看第三幅图：

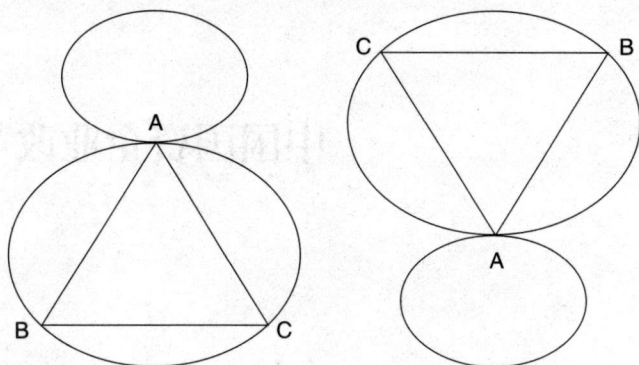

图三

第三幅图可以称为"企业债务风险化解图"。

它反映的是企业如何可以从亏损扭转到盈利状况，即我们所说的将"负套利空间"转变为"正套利空间"的路径选择与优化问题。

这里的关键点是 A 点，我们的目的就是要想方设法突破 A 点，变亏损为盈利。

这就是我们的"国资企业金融工程"在风险管理方面最核心的基本原理和最重要的思想方法！

请大家千万注意，我们不要迷失了方向。从图三来看，我们的正确方向是要"从右到左"，而不要成为"从左到右"了！这是两个完全不同的方向，也是两种完全不同的路径选择！我们所需要的是正确的方向，同时也是优化的路径！

2020 年 7 月 22 日于珞珈山

中国国资企业改革思考

中国国资企业改革的经济基础离不开混合经济学说。全世界几乎所有的国家目前所实行的都是混合经济,其差别只在于混合的比例不同而已!

中国国资企业改革的哲学基础离不开马克思主义的哲学原理与方法。对于马克思主义哲学原理和方法,我们讲得比较多的有两个方面,一是唯物辩证法,一是历史唯物主义。唯物辩证法强调对立统一,历史唯物主义强调以人民为中心。正是从这两点出发,我们强调以国资企业改革作为突破口,强调国资企业与民营企业的混改。

除了马克思主义哲学,我们还需要重新认识中国哲学的重要性和指导作用。中国《易经》哲学方法,既体现了朴素的唯物辩证思想,又体现了系统论的管理智慧。

通过体现《易经》思想的太极图,我们就可以看到阴阳平衡的对立统一思想了。如果用这种思维方式来考虑中国国资企业与民营企业之间的关系,二者就是对立统一的了,就可以通过"公私合营"而成为"命运共同体"了!

《易经》这本书中有一卦叫作"水火既济卦"。从卦象来看,上面是坎卦,下面是离卦。坎卦代表自然中的水,而离卦代表火。火在下、水在上,就像架起炉子煮熟了一锅肉汤一样,满屋飘香。这里既是在说自

然规律，也是在讲人文哲学。

原来《易经》在告诉我们，水火并不是不相容的，而是在一定的条件下相互依存和转化的。

国资企业和民营企业也是这样，"兄弟同心，其利断金"！这里不仅是"断金"的问题，而且是疫后重建与重振的"浴火重生"的问题，是中国如何抓住疫后时代这一千载难逢的机遇去抢占中华民族崛起的战略制高点问题。

由此可见，这次新冠肺炎疫情给我们带来的不仅是深重的灾难，不仅是绝处逢生的机遇，它也给我们带来了对自己民族文化哲学的重新定义与思考，也让我们自己的民族文化自信心受到了一次前所未有的洗礼和提升！

2020 年 7 月 22 日于珞珈山

第三章 央企资产规模倍增行动

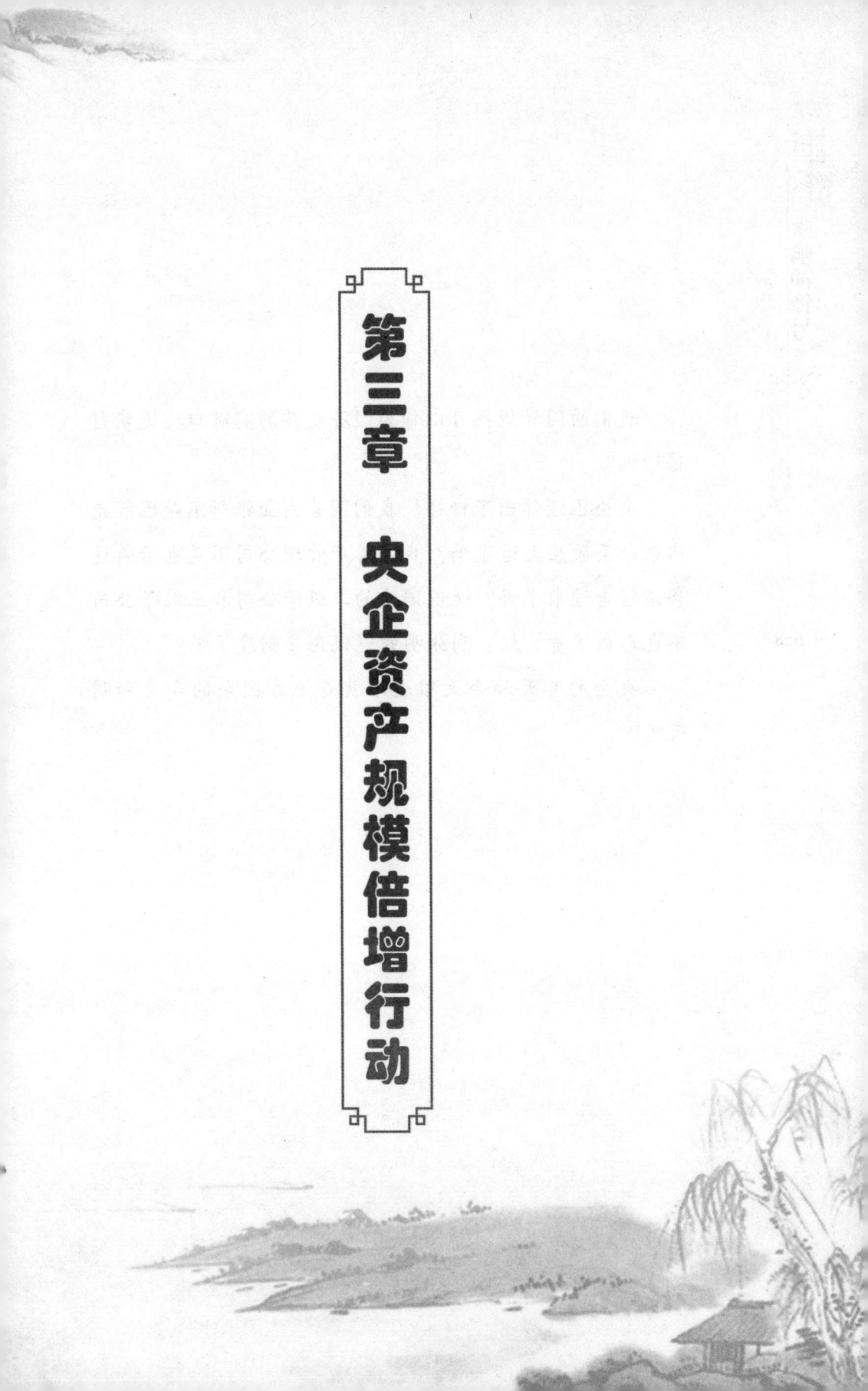

我们的国资规模可以作为经济发展的突破口迅速实行倍增吗？

央企已经作出了榜样！我们国家商业银行不是已经走出来一条康庄大道了吗？我们资产管理公司不是也沿着这条道路走过来了吗？就连国资的二级子公司和三级子公司不也形成了责、权、利分明的现代企业制度了吗？

央企的昨天和今天难道不就是地方国企的今天和明天吗？

珞珈山建言

珞珈山发声，要让全世界都听得见！

这是我们在武汉大学工作的莘莘学子对自己的要求和鞭策！

珞珈山要说什么，才能让全世界都听得见呢？

珞珈山当前最需要的，是要告诉全世界：疫情是全人类共同的敌人！全人类只有团结起来，才能共克时艰！是要告诉全世界，中国的抗疫成功说明疫情不仅可控可防，而且可治！

然后，珞珈山当前最重要的，还不是要去向全世界发声，而是要让每一个中国人明白，我们只有把自己的事情办好，才能有力量帮助别人！

珞珈山目前最需要的，是要向领导层建言献策。我们的学者不仅要做护林的"啄木鸟"，而且要做催耕的"布谷鸟"。

正是基于这样的一些想法，我们毫不犹豫地利用我们的专业知识，提出以下建言：

关于运用国资企业金融创新撬动中国疫后 经济重振与崛起的建议

当前，新冠肺炎疫情在国内基本得到控制，而全球其他地方的疫情正在蔓延，国际形势日益复杂。中国如何抓住全球抗疫中的时间窗口，抢占经济恢复和崛起的制高点，成为摆在我们面前的一项紧迫任务。为此，我们特提出运用国资企业金融创新来扩充国有资产规模并撬动中国经济迅速发展的十条建议。

1.加快国资企业改制步伐。中央对国资企业的改制和运营，从2016年开始就发布了重要文件，但到目前为止各地的落实很不平衡，不少地方没有考虑到当前形势下此项工作的重大意义，政企不分的情况还未得到根本改善。

2.划清财政与国资企业的债务界限。目前各地国资企业负债累累，其中很大一部分是政府的隐性债务。只有划清政府隐性债务和国资企业本身债务两者的关系，国资企业才有可能真正成为市场经济的主体。要不然，责、权、利分不清，企业难以考核和发展。

3.倍增国资企业资产规模。中国的国资企业规模不是大了，而是小了。一旦倍增国资企业资产规模，就可以倍增国资企业的融资规模，这种倍增不只是一倍增长，而是数倍增长。各级政府可以通过剥离各行政部门的经营性资产、扩充有效资产、重组并购社会资产等方式将国资企业体量迅速增大。

4.提升国资企业信用评级水平。将各地国资企业的信用评级尽快提升到 AA 和 AAA 级水平。特别是将各地市、县一级的国资企业打造出 AA 以上的评级水平，其融资渠道便可大大拓宽。

5.推动国资企业股份制改革。国资企业的集团公司、子公司和孙公司均可实施从上到下的股份制改革。一旦完成股份制改革，所有的股权都可以进行股权质押融资。

6.促进国资企业混改。我们过去一直存在一个很大的误区，以为国资企业和民营企业是一种此消彼长的关系，其实两者是相辅相成的。两者之间的混改是一种水乳交融的混合经济，国资企业的混改就是这种混合经济的最集中的体现。这个思想误区一旦突破，中国经济就可以迅速崛起，因为两者的混合可以很快地壮大国资企业的规模，很快形成产业集群，很快实现中国的全球经济发展战略。

7.强化国资企业上市扩张。一旦国资企业实行股改、重组、扩资、

混改等金融创新措施，就可以很快形成一批骨干企业、龙头企业和"航空母舰"，从而形成上市公司的"集团军"，中国的资本市场就可以壮大发展。这些国资企业不仅要在境内上市，而且要推动它们到境外上市，到境外发行股票和债券，以利于在全球配置资源，而不是使我国的资源受制于人，这也是一种国家安全战略。

8.扩大国资企业债券发行规模，拓宽国资企业债券发行渠道。银行间市场、证券交易市场、金融要素市场、国际金融市场，所有这些市场都可以对国资企业开放，允许国资企业通过这些市场发行债券进行融资。

9.调整国资企业资金投向。国资企业资金投向过去主要集中在城市化方面，现在要在产业化上做较大的调整。要强有力地推动中国主导产业发展，要加强中国科技产业的投资。特别是在疫情窗口期，要推动中国的产业加快全球化经营。

10.构建国资企业风控体制。通过担保体系、保险创新、股权质押、内部风控体系及严格考核体系等方式，强化国资企业的金融风险管理。

以上十条措施构成一个中国特色的企业金融工程创新体系。这十条措施中的一个核心内容就是要在当前的疫情窗口期通过迅速增大国有资产的规模来扩大国资企业的融资能力。一旦国资企业的融资规模壮大了，中国当前所采取的各种金融政策就可以奏效了。因为只有这些壮大了的"资产规模"，才有可能承接和消化当前注入经济中的"融资规模"。这两个规模的结合，就是中国经济的崛起。

如果我们能将中国的国资企业规模扩大一倍，我们就有可能将其融资规模扩大一倍；融资规模扩大一倍，就可以通过乘数效应将其GDP增长一倍以上。我们的各级政府如果能够将其国资企业的资产扩大数倍，不就可以去创造中国经济发展的奇迹了吗？这就是中国特色的社会主义！这就是中国面对当前严峻形势的最好答卷！这就是中国在疫情窗口期崛起的重大突破口和必胜之路！

青山遮不住，毕竟东流去！危中有机，中华民族在磨难中迎来了一个千载难逢的崛起机遇。疫情到来时，我们的白衣战士冲上去了！在疫情控制后，该我们的经济战士冲上去了！扛着大旗冲在最前面的，应该是我们的国资企业。国资企业冲上去了，中国在这次世纪大战中就可以稳操胜券了！

国资企业加油！中国加油！

2020 年 4 月 22 日于武汉大学

从这份建言中大家可以看到，我们主张，在当前的严峻形势下，我们的经济突破口应是国资企业，而国资企业的突破口应是资产规模，资产规模的突破口则应是混改！

2020 年 5 月 22 日，在北京，在第十一届全国人民代表大会第三次会议上，国务院总理李克强作了《政府工作报告》。我们听见了总理那铿锵有力的声音！

"提升国资国企改革成效。实施国企改革三年行动。健全现代企业制度，完善国资监管体制，深化混合所有制改革。基本完成剥离办社会职能和解决历史遗留问题。国企要聚焦主责主业，健全市场化经营机制，提高核心竞争力。"

2020 年 7 月 9 日于珞珈山

中国国有商业银行改革之路

中国的国企改革其实是中国改革开放的一个重要组成部分。中国国有商业银行所走过的改革之路就是国资企业改革的成功范例。

记得小平同志曾经说过一句令人印象深刻的话：要把中国的银行办成真正的银行。

什么是真正的银行？真正的银行就是市场经济行为主体，就是政企分开的企业，就是要有健全和完善的现代企业制度的企业。用一句话来说，就是要有明确的责、权、利关系的企业。

为什么小平同志会这样讲呢？这说明我们的国有商业银行在当时还不是真正的银行，需要进行改革，去变成"真正的银行"。

中国国有商业银行走过的改革道路基本上是一条从"负套利空间"到"正套利空间"的道路。

由于过去不是真正的商业银行，因此国有商业银行在经营活动上是没有自主经营权的，政策性的业务和商业性的业务是没有分开的。这就是我们所说的"政企不分"。这就造成了国有商业银行大量的不良资产，造成了商业银行大面积的亏损。

中国国有商业银行是如何从这种困境中走出来的呢？

中国成立了国有资产管理公司。工商银行有了华融资产管理公司，农业银行有了长城资产管理公司，中国银行有了东方资产管理公司，建设银行有了信达资产管理公司。

国有资产管理公司代理财政实行不良资产的剥离和管理职能。财政部通过发行债券的形式剥离这些不良资产，使国有商业银行的不良资产变成了优良资产。这就为国有商业银行的进一步改革奠定了一个坚实的基础和创造一个较为宽松的改革环境。

接下来中国的国有商业银行进行了股份制改革，并且引进国外战略性投资者进行了混改，很快又在资本市场上市，甚至到境外上市。中国的商业银行不仅从"坏银行"变成了"好银行"，还做强做大了，而且踏进了世界500强之列！

中国国有商业银行走过的这条道路说明了什么呢？说明了中国国资企业的改革道路是一条成功之路，说明以国资企业为代表的公有制与市场经济并不是不能"兼容"的！

这不就是中国国资企业改革的样板吗？中国最近在两会上的《政府工作报告》中所提出的"国企改革三年行动计划"，不就是要使中国所有的国资企业都看清这条道路并走上这条道路吗？

如果中国所有的国资企业都像中国的银行这样去做并做成这个样子，中国的经济不就真正崛起了吗？中国的制度优势不就真正体现了吗？

2020年7月20日于珞珈山

中国国有资产管理公司改革之路

　　打开"百度百科"，我看到了有关中国信达资产管理股份有限公司（简称信达公司）的介绍。

　　"（20世纪）九十年代以来，特别是亚洲金融危机后，各国政府普遍对金融机构不良资产问题给予了极大关注。我国国有商业银行是金融体系的重要组成，是筹措、融通和配置社会资金的主渠道之一，长期以来为经济发展提供了有力支持。然而，在1995年《银行法》出台之前，国有银行是以专业银行模式运作的，信贷业务具有浓厚的政策性色彩，加之受到九十年代初期经济过热的影响，以及处于经济转轨过程中，在控制贷款质量方面缺乏有效的内部机制和良好的外部环境，从而产生了一定规模的不良贷款。此外，在1993年之前，银行从未提取过呆账准备金，没有核销过呆坏账损失。这样，不良贷款不断累积，金融风险逐渐孕育，成为经济运行中一个重大隐患，如果久拖不决，有可能危及金融秩序和社会安定，影响我国下一步发展和改革进程。鉴于上述情况，在认真分析国内金融问题和汲取国外经验教训的基础上，我国政府审时度势，决定成立金融资产管理公司，集中管理和处置从商业银行收购的不良贷款，并由中国信达资产管理公司先行试点。"

　　这段文字清晰地展现了中国信达公司产生的历史背景。这不仅是信达公司产生的背景，而且也是其他资产管理公司产生的背景。

中国资产管理公司在剥离中国国有银行的不良资产并完成处置目标后，又进行了一次大的改革行动，将自己从代理财政行使不良资产处置功能的事业单位转变成为一个真正意义上的非银行金融机构了。

随后中国资产管理公司有了自己的经营范围：

1.收购并经营金融机构剥离的不良资产；

2.追偿本外币的债务；

3.对所收购本外币不良贷款形成的资产进行租赁或者以其他形式转让、重组；

4.本外币债权转股权，并对企业阶段性持股；

5.资产管理范围内公司的上市推荐及债券、股票承销；

6.经相关部门批准的不良资产证券化；

7.发行金融债券，向金融机构借款；

8.中国人民银行等监管机构批准的其他业务。

中国的资产管理公司的改革历程进一步说明国资企业改革的必要性和可行性。同时，这也说明中国的国资银行和国资非银行金融机构的改革已经探索出了一条行之有效的道路，并且已经为中国国资企业下一步的改革行动树立了一个又一个成功的典范。

2020 年 7 月 24 日于珞珈山

南洋商业银行在中国

　　我首先给大家看一看"百度百科"对于南洋商业银行（中国）有限公司的介绍：

　　"南洋商业银行（中国）有限公司（简称 [南商（中国）]）是中国银行（香港）有限公司（简称 [中银香港]）通过其全资附属机构南洋商业银行有限公司（简称 [南商]）全资拥有的外商独资商业银行，于2007 年 12 月 24 日正式对外开业。南商（中国）总部设在上海，在北京、上海、广州、深圳、海口、大连、南宁、杭州、成都、青岛、汕头、无锡等地设有分支行，是中银香港集团在内地的业务发展平台，为客户提供全面优质的银行服务。"

　　从这个介绍中，我们可以看到些什么呢？

　　1. 南商（中国）是一家在中国的外资银行；

　　2. 南商（中国）在中国内地设立了很多分支机构；

　　3. 南商（香港）全资拥有南商（中国）；

　　4. 中国银行全资拥有南商（香港）。

　　再给大家看看"百度百科"中的又一段介绍：

　　"南商银行加入中国信达一周年（系列报道）：本文导读，加入中国信达后，集团为南洋商业银行在客户、平台上带来全新的发展格局和机遇，使南商中国站立在了新起点，新高度。转瞬间，一年光阴已逝，这一年里，南商银行依靠信达集团的协同优势，积极进取，锐意创新，稳扎稳打，实现了成功交割、平稳过渡和快速发展。"

从这一段报道，我们可以看到，中国信达资产管理公司从中国银行手中收购了南洋商业银行。

我们再来看百度上的第三条消息：

"发布时间：2020年6月1日7点25分。来源：湖北日报。"

"5月30日，南洋商业银行（中国）有限公司武汉分行在武昌区开业。当日在"深化合作、助力湖北实体经济复元重振"政银企合作签约活动上，省政府与南商（中国）签订战略合作协议，武昌区政府、省宏泰国有资本投资运营集团、武汉物易云通网络科技有限公司分别与南商（中国）武汉分行签订融资合作协议。副省长赵海山出席活动并讲话。"

这三则消息放在一起可以说明什么呢？

可以说明中国国资金融机构改革的全球化路径。国资金融机构从国资商业银行到国资资产管理公司，到全球跨国公司，国资企业一路从计划经济中走过来，走进了中国改革开放的新时代，一直走到今天，走到中国特色社会主义的新时代，并且大踏步地走向全球化。

谁说中国的国资企业不能与市场经济兼容呢？

那就请放开视野，将中国国资银行和国资外银行金融机构所走过的改革之路多看几遍吧！所有的答案都写在这些风起云涌的改革浪潮之中！

2020年7月24日于珞珈山

南商（中国）外汇业务行动计划

2020年6月24日下午，南洋商业银行武汉分行副行长黄志宏先生来访。

南商（中国）是香港南洋商业银行在中国内地的全资子公司，而香港南洋商业银行又是中国信达集团公司全资拥有的子公司。可见，南商（中国）是"具有红色基因"的外资银行。

黄志宏先生谈到了外汇贷款的事宜：

由于目前湖北省面临疫后重建的政策窗口期，各家大银行都使劲给政府平台公司贷款，因此利率下降。平均年化利率已经降到5%左右。南商（中国）的人民币贷款业务并无竞争优势。但是，南商（中国）由于外汇资金充裕，外汇贷款按目前的成本来看，在3.5%左右，因此下一步可以大力发展该项业务。

我问他："外汇管理政策是否有障碍？"

他说："没有，目前国家政策鼓励企业借外债，其额度可以达到注册资本的两倍左右。"

我接着问他："您们考虑过汇兑成本没有？"

他回答："考虑过了，资金成本加上汇兑成本就是3.5%左右。"

我告诉他武汉南洋商业银行可以此项业务作为一个重要的突破口。因此总行有外汇资金优势，希望大家能将此项业务做成典范，并且总结经验，力争在全行推广。

这个例子说明什么呢？它说明中国的国资企业不仅可以通过并购重组倍增自己的资产规模，而且这些"倍增"了的企业在全球化的进程中可以不断地进行金融创新，去创造一个又一个崭新业绩！

2020年6月4日于珞珈山

第四章 地方政府资产倍增行动

北京打响了国企改革的发令枪！

地方政府吹响了国资冲锋号！

武汉市冲上去了！湖北省冲上去了！广西壮族自治区冲上去了！各地政府都开始冲上去了！

献策水果湖

珞珈山是武汉大学校园的所在地。武汉大学校园依山傍水，美轮美奂！所依之山当然就是珞珈之山；所傍之水，就是美丽的东湖之水。东湖水的西面，有一处荷花盛开的水湾，人们称之为水果湖。也许它的形状就像一只大水果吧！水果湖的周围聚集着湖北省委和省政府的办公机构。它形成了湖北省的政治中心。正因为如此，人们常常以水果湖代指省委省政府。

居珞珈山，能不能向一湖之隔的水果湖建言献策呢？2020年上半年，湖北省是抗击新冠肺炎疫情的前线，来自全国各地的援助汇聚在这里。向水果湖建言献策，希望湖北省不仅要打赢抗击疫情的上半场，而且要打赢疫后重建的下半场；希望湖北省能够在疫后经济重振与崛起方面给全中国做出一个光辉的典范！

关于湖北实施国资企业金融创新工程
撬动疫后经济重建与发展的建议

省委、省政府：

目前，湖北省在基本控制新冠肺炎疫情之后，既存在疫后重建的巨大困难，又面临着新的形势下恢复和发展的重大机遇。那么，我省如何抢抓这种战略机遇？我们的突破口到底在哪里？

我们认为，湖北经济重建与发展可以选择金融作为突破口。金融的突破口不在金融部门，而在企业。不在民营企业，而在国资企业。而国资企业的突破口不在负债，而在资产。如果我们能够抓住国资企业"资产规模"这个"牛鼻子"，所有的经济困难都可以迎刃而解。

一旦国资企业的资产规模实现倍增，其融资规模就有可能倍增，GDP就有可能倍增，税收就有可能倍增！将国资企业的"资产规模"做大，这是我们国资企业的优势所在，也是我们制度优势所在！国资企业的资产规模不仅可以通过扩充有效资产来做大，而且可以通过并购、重组以及混改来迅速扩展。因此，我们完全有可能在一个较短的时期内使其资产规模迅速扩大，从而实现我们的战略目标。

扩大资产规模的过程也是一种金融创新的过程，通过国资企业的金融创新就可以使我们将扩大资产规模的过程变成一种经济系统工程。该项工程的实施，不仅可以化解各级政府所存在的隐性债务风险，而且可以迎来一个崭新的发展机遇，使湖北省的经济迅速走出新冠肺炎疫情带来的困境，并为中国疫后经济发展创造出一个高质效的典范！因此，我们特提出湖北省国资企业实施金融创新工程的建议，并制定出该项工程的初步方案，以供省委、省政府决策参考。

湖北省国资企业金融创新工程实施方案

目前，湖北省新冠肺炎疫情基本得到控制，但国外疫情正在蔓延。疫情既给我们带来了危害和困难，也带来了发展机遇。为进一步落实中共中央关于疫后经济重建与发展的一系列讲话精神，做到复工复产与经济建设两手一起抓，抢占经济发展的"时间窗口"，特制定湖北省国资企业金融创新工程实施方案。

一、湖北省国资企业金融创新工程指导思想

1.贯彻落实习近平总书记系列讲话精神和中共中央战略部署，内防疫情反弹，外防疫情输入，确保全面复工复产。

2.运用金融创新工程，加快国资企业改革步伐，推动疫后经济重建

与发展。

3.以国资企业改制与创新工作为突破口，抓住疫后经济发展窗口期，抢占经济发展制高点。

4.实施国资企业资产规模倍增计划，撬动金融市场的发展，提升湖北经济高质效发展水平。

5.利用企业混改壮大企业发展规模，培养企业上市，并促进民营经济协同发展。

6.加快企业对外开放步伐，扶持企业走向境外上市和发债，助力国家"一带一路"建设和全球发展战略。

7.充分发挥国资企业规模优势和融资优势，打通乡村振兴金融服务最后一公里。

二、湖北国资企业金融创新工程主要实施内容

1.加快湖北省各级政府国资企业改制步伐。

中共中央和国务院从2016年以来颁发了一系列关于国资企业改制的文件和规定，但目前全国各地改制的进展并不平衡。建议湖北省在学习文件和参考外地做法的基础上，加快国资企业改制步伐。

2.划清国资企业债务界限。

只有划清国资企业债务界限，才能使国资企业真正明确自己的权利和责任，否则很难使国资企业克服政企不分的状况，并且很难从根本上解决地方政府的隐性债务问题。

3.扩充国资企业资产规模。

湖北省国资企业资产规模整体偏小。实行国资企业资产规模倍增计划，就可以实现湖北省融资规模倍增计划，就有可能实现经济发展倍增。

4.提升国资企业信用评级。

可以在扩充资产规模的基础上，将没有AA评级的国资企业提升为AA评级，将已有AA评级的国资企业提升到AA以上评级。信用评级的提升可以大大节省国资企业融资成本，并扩大国资企业融资规模。

5. 实行国资企业多层次股份制改造。

国资企业股份制改造不仅可以规范企业行为, 而且可以利用股权质押融资, 拓宽企业融资渠道, 扩大企业融资规模。

6. 国资企业发行专项债和公司债。

国资企业可以抓住当前的政策窗口期, 通过证券市场和银行同业市场发行各种类型的债券, 并创新房地产信托投资基金等金融工具, 以此来缓解融资压力, 增加融资规模。

7. 开展国资企业并购重组业务。

并购重组有利于产业结构的调整, 并可以迅速壮大国资企业规模。

8. 加快国资企业混改。

国资企业与民营企业实行混改是目前疫后经济重建与发展的利器。一旦实现突破, 将迅速培养出一批骨干企业和上市企业, 推动经济高质效发展。

9. 完善国资企业产业基金体系。

目前无论政府产业引导基金还是各种社会基金, 由于担心金融风险, 资金很难进入实体经济。如果将产业基金与担保基金联动, 将可以从根本上解决产业基金进入实体经济的后顾之忧。

10. 壮大国资企业担保体系。

建立省、市、县纵向联动的担保体系, 并与产业基金实行横向结合, 从而对企业综合发力, 撬动产业和经济发展。

11. 建立国资企业保理融资体系。

保理融资是一种基于应收账款抵押的融资。国资企业既可以设立自己的保理机构, 也可以运用社会保理机构解决企业短期融资问题。

12. 壮大国资企业融资租赁体系。

融资租赁可以解决企业长期资金问题。融资租赁可以与保理业务结合, 使融资租赁的应收款变为保理业务的服务对象。融资租赁公司和保理公司是国资企业在现行政策条件下可以设立的金融机构。

13. 构建国资企业商业信用保险体系。

国资企业可以设立自己的保险机构，开展商业信用保险业务，也可以运用其他保险机构的此类业务解决融资信用风险问题，从而为企业的融资提供信用保障。

14. 开展国资企业票据业务创新。

国资企业可以运用商业银行的银行票据解决其供应链融资，而且可以利用票据交易中心发行企业商票来达到同样的目的。目前，湖北省的武汉票据交易中心是全国唯一可以开展企业商票交易业务的交易中心。可以通过国资企业的此项业务将商业票据交易市场做成全国性的金融市场。

15. 推动国资企业上市。

国资企业一旦扩大资产规模，并实行混改，就为上市企业的培养奠定了一个坚实的基础，并打造了一条培育企业上市的快车道。国资企业不仅可以在境内上市，而且可以通过境外上市来优化上市路径，并缩短上市期限。

16. 国资企业规范和创造性地运用各种金融要素市场。

湖北省的要素市场要走"做市场不开赌场"的道路。如果我们坚持"现货＋电商＋订单"的经营模式，就可以走出目前的困境，加快要素市场建设和中部金融中心建设的速度。

17. 设立国资企业财务公司。

国资企业设立自己的财务公司，可以在金融市场上直接融资，节省企业资金成本，并且进一步规范公司内部财务管理。

18. 实施国资企业产业金融工程计划。

国资企业可以通过各种金融工具和创新手段，明确产业发展方向，制定产融结合的工作方案，推动湖北产业发展规划真正落地。

19. 实施国资企业乡村振兴金融工程行动计划。

中国的乡村振兴的核心内容是乡村产业振兴。国资企业与民营企业协同创新，通过企业带动农户，将会使我们的国资企业金融创新打通金融服务最后一公里。

20.构造国资企业风控体系。

通过内部制度建设、担保体系、保险体系和股改质押等方式综合施策，即可构造完整且有效的风险管理体系，从而守住不发生系统性风险的底线。

三、湖北省国资企业金融创新工程实施步骤

1.先策划，后实施。

可以先根据中共中央文件精神，在充分调查研究的基础上，制定出切实可行并能体现出创新精神的工作方案后分步实施。

2.先试点，后推广。

可以在各级政府先选择部分企业制定方案，开展试点，然后予以总结和推广。

3.实行省、市、县三级联动。

全省可以统一布置，各级政府分头落实并随时通报各地的情况。

4.总体时间安排。

2020年第二季度制定工作方案并统一部署，第三季度可以开始示范，第四季度即可在全省推进。

四、湖北省国资企业金融创新工程实施预期效果

该项工程的实质是将国资企业作为一个整体的"资产负债管理"的资产包。其核心内容是要通过扩大国资企业的资产规模来增大全省的融资规模。

如果我们将湖北省国资企业的资产规模增加一倍以上，我们就有可能将全省的融资规模扩大一倍以上，就有可能将全省的GDP和税收增加一倍以上！

这些措施既是一个完整的工程化体系，也是一条极具可行性的路径选择。"资产规模倍增信用评级提升→企业股改→并购→重组→混改→上市→融资规模→金融牌→GDP"，所有这些措施都可以在指标上进行量化。在这里，"资产规模"是突破口，一旦该指标实现突破，所有的后

续指标都会跟随着实现突破！

五、湖北省国资企业金融创新工程保障措施

1. 确立该项工程实施的领导班子。建议由省政府分管领导主抓，国资委牵头，相关部门负责人参加，成立领导班子。

2. 省政府出台相关文件。省政府制定相关文件并下达至各级政府和相关部门。

3. 制定全省国资企业金融创新工程实施方案。

4. 召开全省该项工作布置会议。

5. 一企一策。每一个企业根据省政府的文件要求，制定自己的金融创新工程方案。

6. 一市一策。每一个地、市、州制定自己的实施方案。

7. 一县一策。每一个县制定相应的实施方案。

8. 一产一策。每一个主导产业制定自己的实施方案。

9. 定期召开专题工作会议。

10. 加强培训与宣传报道。

11. 强化考评和督办体系。

2020 年 5 月 11 日于武汉大学

湖北省推进国有资本投资、运营公司
改革试点实施方案

为进一步推进我省国有资本投资、运营公司改革试点工作，根据《国务院关于推进国有资本投资、运营公司改革试点的实施意见》（国发〔2018〕23 号）精神和有关工作要求，结合我省实际，制定本实施方案。

一、试点内容

（一）功能定位。

国有资本投资公司、运营公司均为在本级政府授权范围内履行国有资本出资人职责的国有独资公司，是国有资本市场化运作的专业平台。公司以资本为纽带、以产权为基础依法自主开展国有资本运作，不从事具体生产经营活动。国有资本投资、运营公司对所持股企业行使股东职责，维护股东合法权益，以出资额为限承担有限责任，按照责权对应原则切实承担优化国有资本布局、提升国有资本运营效率、实现国有资产保值增值等责任。国有资本投资、运营公司要优化国有资本投向，重点向我省十大重要产业、现代服务业和基础设施产业集中，更好服务我省"一芯两带三区"区域和产业发展战略。

国有资本投资公司主要以服务国家和全省发展战略、优化国有资本布局、提升产业竞争力为目标，以对战略性核心业务控股为主，通过开展投资融资、产业培育和资本运作等，发挥投资引导和结构调整作用，推动产业集聚、化解过剩产能和转型升级，培育核心竞争力和创新能力，积极参与市场竞争，着力提升国有资本带动力、影响力。

国有资本运营公司主要以提升国有资本运营效率、提高国有资本回报为目标，以财务性持股为主，通过股权运作、基金投资、培育孵化、价值管理、有序进退等方式，盘活国有资产存量，引导和带动社会资本共同发展，实现国有资本合理流动和保值增值。

（二）组建方式。

根据实际情况，可采取改组和新设两种方式组建国有资本投资、运营公司。根据本级国有资本布局需要，国有资本投资、运营公司可逐步通过无偿划转或市场化方式重组整合相关国有资本。

（三）授权机制。

经本级人民政府授权，国有资产监管机构依法对国有资本投资、运营公司履行出资人职责。国有资产监管机构根据国有资本投资、运营公司具体定位和实际情况，按照"一企一策"原则，授权国有资本投资、运营公司履行出资人职责，制定监管清单和责任清单，明确对国有资本投资、运营公司的监管内容和方式，依法落实国有资本投资、运营公司董事会职权。国有资本投资、运营公司对授权范围内的国有资本履行出资人职责。国有资产监管构负责对国有资本投资、运营公司进行考核和评价，并定期向本级人民政府报告。

（四）治理结构。

国有资本投资、运营公司不设股东会，由国有资产监管机构行使股东会职权，国有资产监管机构可以授权国有资本投资、运营公司董事会行使股东会部分职权。按照中国特色现代国有企业制度的要求，国有资本投资、运营公司设立党组织、董事会、经理层，规范公司治理结构，建立健全权责对等、运转协调、有效制衡的决策执行监督机制，充分发挥党组织的领导作用、董事会的决策作用、经理层的经营管理作用。

1. 党组织。把加强党的领导和完善公司治理统一起来，充分发挥党组织把方向、管大局、保落实的作用。坚持党管干部原则与董事会依法选择经营管理者、经营管理者依法行使用人权相结合，发挥党组织的领导和把关作用。按照"双向进入、交叉任职"的原则，符合条件的党组织领导班子成员可以通过法定程序进入董事会、经理层，董事会、经理层成员中符合条件的党员可以依照有关规定和程序进入党组织领导班子。党组织书记、董事长由同一人担任。对于重大经营管理事项，党组织研究讨论是董事会、经理层决策的前置程序。国有资本投资、运营公司纪检监察机构设置按有关规定执行。

2. 董事会。国有资本投资、运营公司设立董事会，根据授权及公司章程，负责公司发展战略和对外投资、经理层选聘、业绩考核、薪酬管理、向所持股企业派出董事等事项。董事会成员原则上不少于9人，由执行董事、外部董事、职工董事组成。保障国有资本投资、运营公司按市场化方式选择外部董事等权利，外部董事应在董事会中占多数，职工董事由职工代表大会选举产生。董事会设董事长1名，可设副董事长。董事会下设战略与投资委员会、提名委员会、薪酬与考核委员会、审计委员会、风险控制委员会等专门委员会。专门委员会在董事会授权范围内开展相关工作，协助董事会履行职责。

国有资本投资、运营公司的执行董事、外部董事由国有资产监管机构委派。其中，外部董事由国有资产监管机构根据国有资本投资、运营公司董事会结构需求，选择合适人员担任。董事长、副董事长由国有资产监管机构从董事会成员中指定。

国有资产监管机构委派外部董事要注重拓宽外部董事来源，人员选择要符合国有资本投资、运营公司定位和专业要求，建立外部董事评价机制，确保充分发挥外部董事作用。

3. 经理层。国有资本投资、运营公司的经理层根据董事会授权负责国有资本日常投资运营。董事长与总经理原则上不得由同一人担任。

国有资产监管机构授权的国有资本投资、运营公司党组织隶属地方党委或国有资产监管机构党组织管理，领导班子及其成员的管理，以改组的企业为基础，根据具体情况区别对待。其中，由省委管理班子的省属企业改组组建的国有资本投资、运营公司，领导班子及其成员由省委管理；其他省属企业改组组建的国有资本投资、运营公司，领导班子及其成员的管理按照干部管理权限确定。

国有资本投资、运营公司董事长、董事（外部董事除外）、高级经理人员，原则上不得在其他有限责任公司、股份有限公司或者其他经济组织兼职。

（五）运行模式。

1. 组织架构。国有资本投资、运营公司要按照市场化、规范化、专业化的管理导向，建立职责清晰、精简高效、运行专业的管控模式，分别结合职能定位具体负责战略规划、制度建设、资源配置、资本运营、财务监管、风险管控、绩效评价等事项。

2. 履职行权。国有资本投资、运营公司应积极推动所持股企业建立规范、完善的法人治理结构，并通过股东会表决、委派董事和监事等方式行使股东权利，形成以资本为纽带的投资与被投资关系，协调和引导所持股企业发展，实现有关战略意图。国有资本投资、运营公司委派的董事、监事要依法履职行权，对企业负有忠实义务和勤勉义务，切实维护股东权益，不干预所持股企业日常经营。

3. 选人用人机制。国有资本投资、运营公司要建立派出董事、监事

候选人员库，由董事会下设的提名委员会根据拟任职公司情况提出差额适任人选，报董事会审议、任命。同时，要加强对派出董事、监事的业务培训、管理和考核评价。

4.财务监管。国有资本投资、运营公司应当严格按照国家有关财务制度规定，加强公司财务管理，防范财务风险。督促所持股企业加强财务管理，落实风险管控责任，提高运营效率。

5.收益管理。国有资本投资、运营公司以出资人身份，按照有关法律法规和公司章程，建立健全国有资本经营预算管理相关制度，对所持股企业的利润分配进行审议表决，及时收取分红，并依规上交国有资本收益和使用管理留存收益。

6.考核机制。国有资本投资公司建立以战略目标和财务效益为主的管控模式，对所持股企业考核侧重于执行公司战略和资本回报状况。国有资本运营公司建立财务管控模式，对所持股企业考核侧重于国有资本流动、投资回报和保值增值状况。

（六）监督与约束机制。

1.完善监督体系。整合出资人监管和审计、纪检监察、监督稽查、巡视巡察等监督力量，建立监督工作会商机制，按照事前规范制度、事中加强监控、事后强化问责的原则，加强对国有资本投资、运营公司的统筹监督，提高监督效能。纪检监察机构加强对国有资本投资、运营公司党组织、董事会、经理层的监督，强化对国有资本投资、运营公司领导人员廉洁从业、行使权力等的监督。国有资本投资、运营公司要建立内部常态化监督审计机制和信息公开制度，加强对权力集中、资金密集、资源富集、资产聚集等重点部门和岗位的监管，在不涉及国家秘密和企业商业秘密的前提下，依法依规、及时准确地披露公司治理以及管理架构、国有资本整体运营状况、关联交易、企业负责人薪酬等信息，建设阳光国企，主动接受社会监督。

2.实施绩效评价。国有资本投资、运营公司要接受国有资产监管机构的考核评价。考核评价内容主要包括贯彻本地发展战略、落实国有资本布局和结构优化目标、执行各项法律法规制度和公司章程，重大问题决策和重要干部任免，国有资本运营效率、保值增值、财务效益等方面。

二、实施步骤

省级层面，将湖北省交通投资集团有限公司改组为国有资本投资公司，将湖北省兴楚国有资产经营管理有限公司改组为国有资本运营公司，逐步将条件成熟的省属企业纳入试点范围。省级以下层面，试点工作由各市、州、县（市、区）人民政府结合实际情况组织实施。对纳入改革试点的企业，应按"一企一策"尽快研究拟订试点方案。方案内容包括但不限于组建方式、试点目标和原则、试点定位和发展目标、试点具体措施、试点授权机制和实施保障机制等内容。方案由本级国有资产监管机构审核后，报本级人民政府批准后实施。

三、主要措施

（一）推进简政放权。国有资产监管机构要围绕以管资本为主，落实出资人职责的定位，有序推进对国有资本投资、运营公司的授权，制定其董事会履行出资人职责的授权清单，在战略规划、深化改革、工资总额、选人用人、股权激励、产权管理、重大财务事项等方面赋予其董事会更充分的自主权，相关管理要求和实施细则通过出资人权利清单、公司组建方案和公司章程予以明确，可在试点工作实施过程中视情况进行动态调整。

（二）综合改革试点。国有资本投资、运营公司所持股国有控股企业中，符合条件的可优先支持同时开展混合所有制改革、员工持股试点、推行职业经理人制度、薪酬分配差异化改革等其他改革试点，充分发挥各项改革工作的综合效应。

（三）完善支持政策。严格落实国有企业重组整合涉及的资产评估增值、土地变更登记和国有资产无偿划转等方面税收优惠政策。简化工商税务登记、变更程序。鼓励国有资本投资、运营公司妥善解决历史遗留问题、处置低效无效资产。制定国有资本投资、运营公司的国有资本

经营预算收支管理政策。

（四）完善监管机制。加强依法监管，完善现有监管机制，严格按照公司法、出资人责权清单和公司章程明确监管边界；实施有限监管，重点管好董事会、国有股权代表和国有资本；实现阳光监管，建立健全企业信息公开披露机制。

四、组织实施

省政府国资委（省国企改革领导小组办公室）负责试点工作的组织协调和督促落实，加强对工作的指导。省委组织部、省发展改革委、省财政厅、省人力资源社会保障厅、省税务局等部门按照职责分工，密切配合.协同推进试点工作。

各市、州、直管市及神农架林区人民政府对本地区国有资本投资、运营公司试点工作负责，要紧密结合本地区实际情况，制定本地区改革试点实施方案，积极稳妥组织开展试点工作。各市、州、直管市及神农架林区人民政府要将本地区改革试点实施方案报省国有企业改革领导小组备案。

湖北省人民政府办公厅

2020 年 6 月 16 日印发

二○二○年六月十二日，湖北省人民政府向全省印发了《湖北省推进国有资本投资、运营公司改革试点实施方案》的通知!

这是水果湖响应中南海的发令枪、在荆楚大地上打响了自己的发令枪!

发令枪响了!我们的国资企业改革更加深入了!我们的混改更加波澜壮阔了!

2020 年 7 月 9 日于珞珈山

献策水果湖

附：

省人民政府关于印发湖北省推进国有资本
投资、运营公司改革试点实施方案的通知

各市、州、县人民政府，省政府各部门：

　　现将《湖北省推进国有资本投资、运营公司改革试点实施方案》印发给你们，请认真贯彻执行。

2020 年 6 月 12 日

国资资产管理公司金融工程行动

2020 年上半年开始，我们受湖北省政府相关部门委托，对湖北省党政机关和事业单位经营性国有资产集中统一监管展开了全面系统的调查研究，并协助省政府制定了相关的实施方案，供省政府相关部门决策参考。

摆在我们面前的就是这种调查的主要成果和相关建设材料。

我们看到的第一份材料就是调研的讨论方案。在这份材料中，我们主要分析和解决了以下问题：

1. 统一监管的必要性和重要意义；

2. 基本情况及存在的主要问题；

3. 集中统一监管的基本原则；

4. 集中统一监管的方法与措施；

5. 集中统一监管所要达到的目标；

6. 集中统一监管的保障措施。

从这份材料的主要内容中我们可以看到金融工程原理和方法的具体应用。集中统一管理不仅要解决集中的问题，而且要解决管理问题。

如何管理？

金融工程告诉我们：1. 必须控制风险，这就要解决债务风险问题；2. 必须创新融资方式，这就要解决融资难题；3. 必须解决盈利问题，因为只有盈利才能持续发展。

推进湖北省省级党政机关和事业单位经营性
国有资产集中统一监管并组建资产管理公司的方案

为全面贯彻落实中共中央、国务院和省委、省政府深化国资国企改革工作部署，进一步推进政企分开和政资分开，提高国有资本配置和监管效率，有效防止国有资产流失，实现经营性国有资产保值增值，根据《中共中央办公厅、国务院办公厅印发〈关于推进中央党政机关和事业单位经营性国有资产集中统一监管试点的实施意见〉的通知》（中办发〔2018〕44号），《国务院关于推进国有资本投资、运营公司改革试点的实施意见》（国发〔2018〕23号）的相关精神要求制定本方案。

一、推进湖北省省级党政机关和事业单位经营性国有资产集中统一监管的必要性和重要意义

随着国民经济和社会发展，国家对国有资产监管能力和水平的要求也越来越高。习近平总书记多次强调，推进国有企业改革要有利于国有资本保值增值，有利于提高国有经济竞争力，有利于放大国有资本功能。李克强总理在2020年政府工作报告中也明确提出了"提升国资国企改革成效。实施国企改革三年行动。健全现代企业制度完善国资监管体制，深化混合所有制改革。基本完成剥离办社会职能和解决历史遗留问题"。以上讲话精神，对于我们加强国有资产集中统一监管具有重要的指导意义。

国有资产集中统一监管的推进，有利于政企分开，政资分开，在理顺国资监管体制同时，明确国资监管机构、部门与企业的各自权责有利于统一整合资源、提高资源配置效率、优化国有经济布局结构，激发国企经营活力，做强做优做大国有经济，服务和助推我省经济发展；有利于统一国有企业发展的监管政策和管理措施，进一步提高国有经济运行质量和效率，确保国有资产不流失。

根据财政部2006年5月发布的《行政事业单位资产管理暂行办法》

（85号令）和《事业单位资产管理暂行办法》（36号令）的明确规定，财政部门是行政事业单位国有资产管理的职责部门。但是，由于条块分割、部门利益导向等多种因素的影响，在实际管理中出现了财政部门、国资监管部门和机关事务管理部门"三足鼎立"的局面，导致形成了"多头管理"与"管理真空"并存的现象。管理体制不顺、资产权责不清，已经严重制约和影响了整个行政事业单位国有资产管理的水平、质量和效益。加强行政事业单位国有资产管理，明确行政事业单位国有资产监管机制，是推进国有资产管理体制改革和国有资产治理现代化的一项十分重要和迫切的系统工程。

目前，湖北省新冠肺炎疫情基本得到控制，此次疫情既给我们带来了挑战，也带来了机遇。在这个时间节点，我们加快省级党政机关和事业单位经营性国有资产集中统一监管的步伐，既可以落实中共中央关于疫后经济重建与发展的一系列讲话精神，又可以做到复工复产与经济建设两手一起抓，抢占经济发展的"时间窗口"期，通过"成立国资集团公司扩充资产规模→信用评级提升→企业股改→并购、混改→上市"等一系列的操作，夯实国有资产的管理基础、提升其运营效益，实现国有资产保值增值和增强自身的资金供给能力，为全省国资企业改革与金融创新起到示范效应，形成可复制、可推广的经验和模式。

二、湖北省省级党政机关和事业单位经营性国有资产——基本情况及存在的主要问题

（一）资产现状

目前，我省行政事业单位经营性国有资产分为五类：一是省财政厅履行出资人职责的省属企业国有资产（不含省国资委监管的省出资企业、金融企业），二是省级党政机关和事业单位所属国有资产；三是省级生产经营类事业单位国有资产，以上三类资产原则上全部脱钩划转，包括企业资产、人员、债权债务等，如是"僵尸企业、空壳企业"等，通过注销、破产、拍卖、出售等市场化和法治化方式处置；四是省级行政事业单位出租出借、对外投资、对外合作等国有资产，这类资产产权

可以直接划转，维持原有出租出借不变的经营方式；五是省级行政事业单位闲置且无法调剂使用的国有资产，此类资产产权可以直接划转，以扩充国资集团资产规模。

针对我省经营性国有资产实际情况，原则上通过三种国有资产处置方式推进经营性国有资产集中统一监管：一是直接划转。对行业地位突出、产权关系清晰、管理较为规范的企业直接进行产权划转。二是整合重组。对具有一定资产规模和经营能力、存在同类同质的企业，按照产业相近、业务相关、优势互补的原则，进行整合重组成一个业务板块。三是清理退出。对资不抵债、停业停产、不具备正常生产经营条件的企业，依据有关规定制定企业退出方案，实行国有资本退出。

（二）主要问题

1. 管理不到位，制度不健全。目前我省国有资产的监管还没有一个统一的管理模式，行政事业性单位经营性国有资产底子不清、结构相对复杂，因而造成了我省国有资产统一管理改革有所滞后。2018年5月开始实施的《中华人民共和国企业国有资产法》，使行政事业性国有资产管理的改革明显落后于企业国有资产管理改革，这与我国整个经济体制改革是不相适应的。

2. 资产存量较小，不利于做大做强。从此次集中监管的数据来看，还没有达到100亿元资产规模。这就会造成以后评级工作达不到A的水平，在后期的融资额度、融资价格上都会受到影响，从而影响到后续企业的做大做强。

3. 管理未理顺，调控能力弱化。多年多头分散管理（此次集中监管的239家企业分散在17个部门），主管部门与监管部门职责分工不明，导致政府统一调控能力明显被弱化。

4. 资产优化配置水平不高，资产占用不均衡，缺乏资产共享和调剂使用平台，国有资产闲置浪费较严重。

5. 存量资产没有盘活，还有较大的提升空间。从2019年出租（出借）情况表来看，账面数量面积445.5万平方米，出租出借77.8万平方

米；账面原值 69.57 亿元，出租出借收益 4.19 亿元。由此可以推算出，出租出借率为 17.46%，出租出借收益率 6.02%，后续提升空间较大。

6. 运营绩效与资产规模不匹配。根据此次集中监管企业的数据来看，2019 年总资产 842084 万元，营业收入 511864 万元，净利润 14190 万元，上缴国有资本收益 251.69 万元。以此可以得出，整体净利润率为 2.77%，资产收益率为 1.69%，国有资本收益率不到 0.03%，运营绩效与资产规模不匹配。

7. 部分单位资产负债率过高，存在较大债务风险隐患。数据显示 2019 年总资产 842084 万元，总负债 553816 万元，资产负债率 65.77%，虽在可控的范围之内，但仍属较高水平。分散到各个单位来看，部分企业债务高位运营。比如湖北省地质局的下属企业，资产负债率有的达到 116%，还有不少单位资产负债率突破了 90%，存在较大的债务风险隐患。

三、湖北省省级党政机关和事业单位经营性国有资产集中统一监管的基本原则

（一）完善治理结构。把加强党的领导和完善公司治理统一起来，充分发挥党组织把方向、管大局、保落实的作用，符合条件的企业党组织领导班子成员通过法定程序进入董事会、监事会、经理层。企业党委书记、董事长由同一人担任。重大经营管理事项必须经党组织研究讨论后，再由董事会或经理层作出决定。推动企业按照市场化、规范化、专业化的管理导向，建立职责清晰、精简高效、运行专业的管控模式；建立规范、完善的法人治理结构，形成以资本为纽带的投资与被投资管理关系，不干预企业日常经营。

（二）妥善安置人员。以人为本，积极稳妥，采取多种方式妥善安置改革涉及的相关人员。纳入集中统一监管的企业人员按"人随资产走"的原则进行安置。企业重组吸纳原企业职工的，继续履行原劳动合同。企业发生合并或分立等情形的，由承继其权利和义务的企业继续履行原劳动合同，经与职工协商一致可以变更劳动合同约定内容，工龄计

算、社保缴费按现有政策执行。职工安置方案需提交企业职工代表大会或全体职工讨论通过并报主管部门批准后实施。企业资产处置收益可按相关规定用于安置职工，经费不足的由原主办单位通过调剂预算适当解决。

（三）落实配套政策。省级党政机关和事业单位所办企业重组整合、划转、处置涉及的资产评估增值、土地变更登记和国有资产无偿划转，符合相关规定的，享受相应的税收优惠。省级财政对集中统一监管改革中为解决历史遗留问题、清理关闭企业等发生且自身确实难以解决的支出，给予适当支持；对改革涉及的富余人员分流安置按照成本分担的原则给予适当补助。脱钩企业划转后，省级财政统筹考虑省级党政机关和事业单位预算安排和被划转企业上缴收益等，对经费保障受影响的原主办单位给予适当补助。人力资源社会保障、自然资源等部门对集中统一监管企业职工安置、土地处置等给予政策指导。市场监管、税务等部门对无法履行法定注销、破产等程序的"僵尸企业"、空壳企业，要研究提出解决措施。

四、湖北省省级党政机关和事业单位经营性国有资产集中统一监管的方法与措施

（一）组建国有资本投资、运营集团公司，打造公司制管理模式。针对中共中央、国务院的要求，成立国有资本投资、运营公司有诸多优势。一是此次国有资产集中监管规模不大，还没有达到100亿元的规模，若将其分散到现有国资平台公司，势必会造成资产再次分割，且出资人不统一，也没有历史的延续性，不方便后续管理。若新组建国有资本投资、运营公司，现有出资人主体不变，可以较快地进入集中监管的角色，为后续的模块化经营创造条件；二是此次集中监管国有资产，前期管理部门较多，主营业务板块也较多。如采用现有国资平台，对接业务板块是否相符是个问题。如不相符，势必会造成现有国资平台对新的业务板块不熟悉等问题，对提高国资运营效率不利；三是为了优化资产配置，必须对现有国有资产进行自清自查、出清"僵尸企业"划转承接

等工作，以上工作肯定会触及历史原因，如果在现有出资人集中监管下进行，对情况会熟悉一些，流程会顺畅一些。对于加强领导，建立完善协调机制有利；四是原来的管理人员、工作人员，如果划转到其他部门，阻力会比较大。所以总的来说，根据现有集中管理政策成立一个资本投资、运营集团公司，更有利于后续的发展要求。

（二）集中统一监管国有资产确权、登记、划转。将脱钩划转企业的相关资产经过确权、登记后纳入相关接收企业实施集中监管。由国有资本投资、运营公司根据授权和相关规定统一管理，承担资本运作、资产处置和保值增值等职责。

（三）搭建全省国有经营性资产共享调剂平台，形成数据库，为全省经营性国有资产服务。可以在国资集团下成立数据信息子公司，将国有资产（特别是行政事业单位出租出借、单位闲置且无法调剂使用的国有资产）一一登记于信息平台，形成共享机制。这样可以避免资产底数不清、物业经营信息不透明、信息不对称的弱点，使国有资产能最大限度地产生效益，也能让监管人对资产状况一目了然。如果我们将现有出租出借率提高到60%（目前账面数量面积445.5万平方米，出租出借77.8万平方米，出租出借收益4.19亿元），那么出租出借面积可以达到267.3万平方米，出租出借收益可以达到14.39亿元。

（四）扩充国资集团公司资产规模，增强国资公司综合实力，提升平台融资功能。扩充国资集团公司资产到100亿元以上（目前为84亿元左右），评级达到A以上。一方面可以通过剥离各部门的经营性资产扩充有效资产，另一方面可以通过并购重组社会资产等方式将国资集团规模迅速做大。资产做大后，国资企业的信用评级就能提升到AA以上的水平，其融资渠道、融资额度、融资价格都将有显著的提升。

（五）强化国资集团公司投融资等金融功能。国资集团配合自身的金融创新，可以取得担保、保理、租赁、小贷等相关金融牌照（以上金融牌照，省内就能批准），可以做到金融要素在国资集团内部的良性循环，将国资集团的金融能力做强；还可以成立房地产信托投资基金（可以委托专业的信托投资公司），把集中监管中流动性较低的房地产资产直接转化为资本市场上的证券资产，起到盘活存量的作用。

（六）推动国资企业进行股份制改造，建立现代企业制度。国资企业作为集团公司，联合武汉股权托管交易中心一同对集团本部、下属子公司、孙公司实施自上而下的股份制改革。一旦完成股份制改革，所有股权就可以进行股权质押贷款，公司的财务、架构、管理都将明晰。

（七）促进国资企业混改。国资企业与民营企业混改，可以迅速扩大国资控股集团的规模，形成巨大的融资能力，直接推动产业升级和发展。混合所有制改革的路径选择：一是国资集团子公司、孙公司在股份制改造的过程中，通过外部合伙人，实行交叉持股、相互参股，构建混合型企业，在开发新的项目、组建新公司中尽可能地形成混合型企业；二是国资集团本身（或其基础较好的子公司），通过多层次资本市场（A股、H股等境内外市场）等不同渠道实现IPO；三是通过企业股改后的股权，通过增持减持、增资扩股、发行可转债、私募等方式优化股权结构，促进各类资本融合；四是可以借鉴现有国有企业重组改制的方法，培育优质资产推向市场，集团公司可改制为控股公司，可以整合子公司整体上市，放大资本功能。国资企业融资额度高、融资价格低。只要条件合适，一般民营企业很愿意与国资企业混改，这也符合通过混改做大做强国有资产的相关精神。

（八）国资集团主导产业金融工程。将此次集中统一监管的国有资产，根据"产业相近、优势互补、逐一甄别、分类处置"的原则，组建成几大模块进行管理运营，使其成为国资集团的主导产业（比如：根据我省经营性国有资产的特点，可以组建成信息科技、医疗康养、文体娱乐、教育培训、监测勘探、智能制造、物业管理等几大板块，每个板块就是集体的一个下属子公司）。围绕着以上主导产业按照"1+N"的管理模式，"1"即为国资集团的各大运营板块（子公司），"N"即为社会小型企业，通过金融工具（比如供应链、保理等）促进产业链的延伸和增值，在控制风险的前提下提高主导产业资金利用效率，促进国资集团主

导产业发展。

（九）培育国资企业上市。由于改制、扩资、并购重组和混改等方式的综合运用，国资企业规模可以迅速扩大，盈利状况很快会得到改善。条件成熟的子公司、孙公司可以尽快上市，走资本市场道路。主要方法为：一是积极响应湖北省政府上市"金种子、银种子"行动计划，在国资集团内挑选出优秀企业，也可将优秀的民营企业或项目进行混改后作为上市种子企业培养；二是引入优质的上市辅导机构，为准上市种子企业制定上市方案，推动上市进程。上市辅导机构要为企业量身设计专业辅导课程，通过课程教学为企业培养出懂资本市场的专业人；三是推动国资集团（或子公司）通过并购重组、买壳、混改等形式，与上市公司开展合作，实现未上市企业与现有上市公司的共赢，促进国资集团保值增值、快速发展。由于我国国资背景企业上市要优于其他企业，很快会有一批上市公司脱颖而出。

（十）建立国资企业合规风控体系。（1）健全风险管理体系。主要包括规范公司法人治理结构，风险管理职能部门、内部审计部门和法律部门，形成高效运转、有效制衡的约束机制。（2）建设风险管理文化。可以将风险文化建设融入到企业内部的各个层面，融入到日常的工作之中。这样才能使企业的风险文化建设全面、可靠，才会使风险管理具有执行力和效果。（3）加强风险考核体系建设。集团内部的审计部门，每年一次对各个部门和子公司开展风险管理监督评价。也可以聘请有资质、信誉好的专业团队进行评价，出具风险管理评估报告和建议。

五、通过湖北省省级党政机关和事业单位经营性国有资产集中统一监管所要达到的目标

（一）资产规模目标。国资集团公司成立以后，初步将资产规模确定为100亿元以上。

（二）资产质量目标。初期国资集团100亿元资产全部为有效资产。

（三）融资规模目标。近期达到100亿元资产，按照50%的比例融资，即为50亿元。50亿元与担保基金以1:10放大，即为500亿元资金；或按照 50 亿元母基金，以 1:5 的比例放大子基金，就是 250 亿元，然后按照 1:5 放大孙基金，就是 1250 亿元，千亿融资就是千亿元的资产规模，企业就是千亿元的企业。

（四）经营绩效目标。按照融资 50 亿元，以 1:10 的比例放大 500 亿元计算。这 500 亿元投资按照 2019 年经营绩效利润率 2.77％、资产收益率 1.69％、国有资本收益率 0.03％来算，业绩至少是 2019 年业绩的 10 倍。

（五）化解债务风险目标。通过国资集中管理，集团的资产规模迅速扩大，集团资产评级水平提高，集团融资能力较以前有很大的提升，由此可以化解前期部分企业债务高企、资不抵债的情况。

（六）金融创新目标。除了传统的做大做强间接融资以外，还要大力发展直接融资、供应链融资、产业基金发展，积极拓展债券融资，扩大股权融资规模，将资本市场带动国资企业发展做大做优。国资集团可以设立财务公司，在金融市场上直接融资。

（七）信息化管理目标。通过信息化实现国资企业管理现代化，转变国资企业经营方式、业务流程，重新整合企业内部资源，提高国资企业效率和效益，增强企业的市场竞争力。

（八）信用评价目标。资产规模 100 亿元以上，评级 A 以上，争取 3—5 年内将国资集团评级达到 A 水平。

（九）企业上市目标。通过扩大资产规模并实行混改，就能为上市奠定基础，三年内打造一条培育企业上市的快车道，培养一批上市企业。

经营性国有资产集中统一监管其实是一项系统工程，该项系统工程的实质是将国有资产作为实施"资产负债管理方法"的资产。其核心内容是要通过集中监管成立国资公司，通过规范管理、理顺机制完成人员安排，由此扩大国资企业的资产规模→增大融资规模→信用评级→融资倍增带动产业结构转型升级、主导产业做大做强，进一步推动湖北经济更好更快发展。如果将国资企业的资产规模放大，我们就有可能将融

资规模放大。融资规模的放大和再投入，其本身就是将资产进一步放大的过程！这既是一个完整的工程化体系，也是一条极具可行性的路径选择。在这里，"资产规模"是突破口。一旦该指标实现突破，所有的后续指标都会跟随着实现突破！

六、湖北省省级党政机关和事业单位经营性国有资产集中统一监管的保障措施

（一）确定该项工作实施的领导班子。建议财政厅牵头，相关部门负责人参加，成立领导班子。

（二）省政府出台相关的文件。省政府制定相关文件下达至各级政府和相关部门。

（三）制定全省国资企业集中监管金融创新实施方案。

（四）召开全省该项工作布置会议。

（五）一企一策。每一个企业根据省政府文件要求，制定自己的金融创新工作方案。

（六）定期召开专题工作会议。

（七）加强培训与宣传。

摆在我们面前的第二份材料是附件一。这份材料主要研究集中统一管理模式。

这份材料主要研究以下三个问题：

1.目前存在的三种模式；

2.国资监管部门进行监管的优劣势；

3.财政部门进行监管的优劣势。

全国有各种模式，但主要有两种：一是国资监管部门，一是财政。我们在这里能做的就是要把这个问题研究清楚。到底采取哪种模式，这不仅是个研究的问题，而且是一个决策问题。这个问题最终取决于决策部门和决策者的价值判断与路径选择。

附件一：

党政机关、行政事业单位经营性国有资产
集中统一监管模式比较简析

一、目前存在的三种主要监管模式

根据财政部 2006 年 5 月发布的《行政事业单位资产管理暂行办法》（35 号令）和《事业单位资产管理暂行办法》（36 号令）的明确规定，财政部门是行政事业单位国有资产管理的职责部门。但是，由于条块分割、部门利益导向等多种因素的影响，在实际管理中出现了财政部门、国资监管部门和机关事务管理部门"三足鼎立"的局面，导致形成了"多头管理"与"管理真空"并存的现象。管理体制不顺、资产权责不清，已经严重制约和影响了整个行政事业单位国有资产管理的水平、质量和效益。加强行政事业单位国有资产管理，明确行政事业单位国有资产监管机制，是推进国有资产管理体制改革和国有资产治理现代化的一项十分重要和迫切的系统工程。

二、国资监管部门进行监管的优劣势

（一）省国资委监管行政事业单位国有资产的主要优势

1. 省国资委是各类国有资产的监管部门。

以湖北省为例。省国资委是代表省政府履行出资人职责的特设机构。根据《中共中央办公厅、国务院办公厅关于地方政府机构改革的意见》（中办发〔2003〕15 号）和《中共中央办公厅、国务院办公厅关于印发《湖北省人民政府机构改革方案）的通知》（厅字〔2003〕24 号），设立湖北省人民政府国有资产监督管理委员会（简称省国资委），为省政府直属正厅级特设机构。省政府授权省国资委代表省政府履行出资人职责。

《国务院关于改革和完善国有资产管理体制的若干意见》（国发〔2015〕63 号）要求，"国有资产监管机构作为政府直属特设机构，根据授权代表本级人民政府对监管企业依法履行出资人职责"，国资监管

部门多年来主要以管理国有企业产权、国有经营性资产为主，国资监管体系、评价体系更为成熟，相关配套政策更为完善，在战略规划制定、资本运作模式、人员选用机制、经营业绩考核等方面，更加精准有效。

从我国目前国资监管的顶层设计到监管模式，通常都是由国资委代表政府履行出资人职责。当前的实际情况是几乎所有的经营性国有资产都已经被纳入国资委集中统一监管范围。

2.相关的国资监管制度比较健全。在对国有企业的绩效管理、资产处置、薪酬管理等方面均有一系列比较完善的制度。

3.在国资监管方面的经验比较丰富。省国资委自2004年成立以来，在国资监管，特别是企业国有资产的监督管理方面积累了丰富的经验。同时，已开展省直机关脱钩企业监管的先行探索。省国资委成立了"省直机关脱钩企业托管中心"，对托管企业的国有资产和财务收支进行监管，负责脱钩空壳企业资产债务处置和清算、破产、注销工作，负责托管企业退体、内退人员的各项管理工作。

（二）省国资委监管行政事业单位国有资产的主要劣势

1.政府目标是多重性的，而国资部门目标是实现国有资本的利润最大化。这样，国资管理部门与政府的目标可能会发生冲突。可能由于过于注重经济效益，而弱化行政事业单位资产经营的社会功能或公益属性。国资监管，特别是对企业国有产权的监管与运营，主要以实现国有资产的保值增值为目标，而党政机关、行政事业单位的国有资产有的不仅有国有资产保值增值的经济效益指标，还需要兼顾甚至更加注重非经济属性的社会效益指标。

2.国资监管在接受人大监督方面，制度建设还是空白，对国有资产监督管理的情况和国企运行的情况，没有建立一种像预算制度那样的向同级人大进行报告的规范制度。

3.国资监管以事后监管为主，事前、事中监管较为欠缺，社会审计机构监督存在滞后性和不全面性。

三、财政部门进行监管的优劣势

（一）省财政厅监管行政事业单位国有资产的主要优势

1. 财政厅是行政事业资产的真正意义上的出资人，因此由出资人对出资形成的资产进行监管，名正言顺。

2. 在职能归属上，财政部门的行政处、政法处及科教和文化处分别管理着省级行政事业单位下属企业和事业单位企业化经营的国有资产，对该类企业及资产的情况比较熟悉。

3. 将下属企业监管纳入国有资本经营预算，接受人大监督，监管更透明，力度更大。

4. 组建国有资产经营公司统一运营监管，有利于加强国有资本的日常监管，监管手段更加市场化、专业化。

（二）省财政厅监管行政事业单位国有资产的主要劣势

1. 目前财政部门工作任务重，人员力量比较紧张，如进一步强化省级行政事业单位下属企业和事业单位企业化经营的国有资产监管职能，有可能会导致这一矛盾更加突出。

2. 国有资产监管的现实基础比较薄弱，制度体系建设比较滞后，如承担该职能，须尽快完善制度体系。

摆在我们面前的第三份材料是附件二。这是关于此项工作的时间安排。

有了这个时间表，资产管理公司金融工程的各项措施就可以顺利实施了。

推进湖北省省级党政机关和事业单位经营性
国有资产集中统一监管并组建资产管理公司工作时间安排

1. 2020 年 7 月底前，完成集中统一监管改革调研报告，起草省级行政事业单位经营性国有资产集中统一监管的实施意见和实施方案；

2. 2020 年 12 月底前，进一步完善实施意见和方案，争取以省委省政府的名义出台；

3. 2021 年 3 月底以前，启动经营性资产集中统一监管改革试点工作，搭建国有资本投资运营平台，分类分步将经营性资产纳入集中统一监管体系；

4. 2021 年 7 月底，完成国有投资运营平台及其下属公司的股改；

5. 2021 年 9 月底前，完成国有投资运营平台扩充有效资产至 100 亿元以上；

6. 2021 年 12 月底前，完成国有投资运营平台评级至 A，融资规模 50 亿元以上；

7. 2022 年 7 月底前，推进国有投资运营平台主导产业金融工程；

8. 2022 年 12 月底前，完成国有投资运营平台风控体系建设；

9. 2023 年 7 月底前，完成一家企业的上市工作。

摆在我们面前的第四份材料就是附件三。这是新组建国资公司的组织架构图。

需要说明的是，新组建的国资公司一定要采取新的组织形式。我们还可以将这些资产划拨到其他国资平台公司。

附件三：

新组建国资公司的组织架构图

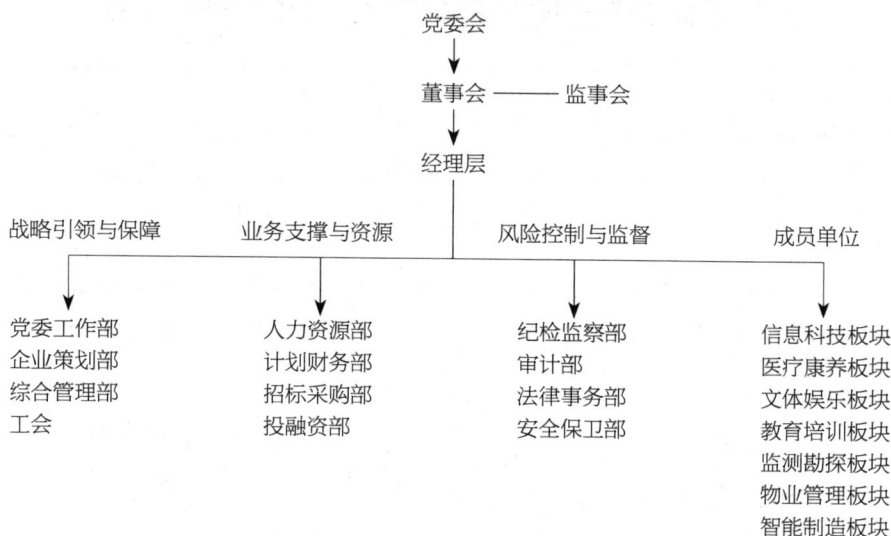

党委会

董事会 —— 监事会

经理层

战略引领与保障	业务支撑与资源	风险控制与监督	成员单位
党委工作部	人力资源部	纪检监察部	信息科技板块
企业策划部	计划财务部	审计部	医疗康养板块
综合管理部	招标采购部	法律事务部	文体娱乐板块
工会	投融资部	安全保卫部	教育培训板块
			监测勘探板块
			物业管理板块
			智能制造板块

我们可以将以下的这份材料称为附件四。这是供湖北省政府决策参考的一份建议书。

这份建议书分析了以下主要问题：

1. 总体原则；

2. 分类处置；

3. 资产处置方式；

4. 统一监管的基本方法。

附件四：

推进湖北省省级党政机关和事业单位经营性
国有资产集中统一监管的建议

为全面贯彻中共中央、国务院和省委、省政府深化改革工作部署，提高国有资本配置和监管效率，有效防止国有资产流失，实现经营性国

有资产保值增值，根据中办发（2018）44号文、国发（2018）23号文的相关精神要求，以及对部分党政机关和事业单位经营性国有资产调研情况的了解，特对湖北省省级党政机关和事业单位经营性国有资产集中统一监管提出如下建议：

一、总体原则

按照政企分开、政资分开、所有权与经营权分离的要求，坚持政府公共管理职能和国有资产出资人职能分开。除省政府授权的有关部门或机构外，其他省直部门、事业单位原则上不再履行企业国有资产出资人职责。

二、分类处置

1. 与行使公共职能或发展公共事业无关的企业实行全部脱钩划转。省级党政机关直接兴办的企业，除省委、省政府另有规定外，原则上全部实行脱钩划转。省级党政机关和事业单位要积极推动与本部门或单位承担的公共事业发展职能无关的一般营利性企业脱钩，协商将企业包括资产、人员、债权债务划转移交给国有资本投资、运营公司或有关国有企业。

2. 与本部门或单位公共事业协同发展的企业实行部分保留。与本部门或单位承担的公共事业发展职能密切相关，属于本部门或单位职能拓展和延伸的企业，实行部分划转。划转国有资本由国有资本投资、运营公司持有，履行出资人职责，并实行集中监管。同时，原主办单位通过持有部分股权方式保持一定的影响力，实现公共事业和企业业务互相促进、共同发展。

3. 部分特殊企业维持现行管理体制。新闻宣传、文化类企业，维持现行管理体制，继续实行管人管事管资产和管导向相结合的办法。金融、政法等领域承担国家特殊任务的企业，以及经省委、省政府批准的其他特殊企业，维持现行管理体制不变。

4. "僵尸企业"、空壳企业等通过市场化和法治化方式处置。省级党政机关和事业单位所办企业中，"僵尸企业"、空壳企业或与行使公共职能和发展公共事业无关但难以脱钩划转的国有企业，按照有关规定通过实施注销、破产、拍卖、出售等市场化和法治化方式处置。

三、资产处置方式

1.直接划转。对产权关系清晰、管理较为规范的企业，直接进行产权划转，由国资委履行出资人职责。

2.整合重组。对具有一定资产规模和经营能力、与国资委监管企业同类同质的企业，按照产业相近、业务相关、优势互补的原则与国资委监管的相关企业整合重组。

3.改制退出。对资不抵债、停业停产、不具备正常的生产经营条件和其他需要改制退出的企业，由主管部门具体负责，依据有关法律法规的规定，采用注销、破产、拍卖、出售等市场化和法治化方式处置。

四、统一监管的基本方法

1.管好资本。资本是市场化资源配置中的核心要素。我国的经济体制改革是一个渐进的转轨过程，与此相应，国有资产管理体制也经历了从以"管企业"为主、向以"管资产"为主、再向以"管资本"为主的转变。资本对应所有者，与"管企业"和"管资产"相比，"管资本"更强调所有者的权责，更强调管理对象的价值形态而不是组织形态，更强调管理对象的流动性而不是实物资产。以"管资本"为主完善国有资产管理体制意味着在监管主体性质上，更加突出政府层面的出资人代表性质；在监管职责上，更加体现以产权为纽带，立足符合法律规范和公司治理基本原则的股东定位，围绕管好资本落实出资人责任。"管资本"重新界定了国资监管机构的职能，反映了从出资人角度加强国有资产监管的内在要求，意味着出资人管理职能重心的转变，即从以往"管人、管事、管资产"的相对全面的管理职能，转向以管资本为主、管理重点更加突出的核心性管理职能。

2.应有所为，有所不为。国资监管工作改革的核心是政企分开、政资分开，关键是处理好"为"与"不为"的边界问题。"该为"的决不推诿，决不缺位，积极主动，科学管理。"不该为"的决不越位，决不

揽权。该放的坚决放到位，精简优化相关职能。处理好"为"与"不为"的关键在于聚焦监管内容、调整监管方式、提高监管效能。一是部分职责授予监管企业董事会行使。董事会在公司治理中具有重要的核心作用，但受现有体制机制以及董事会自身治理水平和规范化程度的影响，董事会权利、职责尚未充分落实。随着国资监管改革的深化，可考虑将一批经营自主权下放，以激发企业活力。其次，可考虑清理收缩一批不应延伸至监管企业下属子企业的工作职责，除涉及战略规划、主营业务重大调整、股权转让致使国有股失去控制地位等重大事项，需经批准外，其余事项可考虑交还一级企业管理。三是移交一批非出资人事项由政府公共管理部门和社会组织行使。目前国资监管机构除履行出资人职责外，还承担着大量的公共管理职能，如：节能减排、安全生产、知识产权管理、企业法律顾问资格评审等。国资监管机构行使这些职能，不仅导致核心管理职能淡化，客观上还造成与其他政府管理部门职能重合，浪费了政府资源。按照"管资本"为主的要求，国资监管机构可考虑专注于行使出资人权利，将目前行使的公共管理职能，逐步移交给政府相关行业管理部门和社会组织。

3. 管好制度规范与能力建设。加强能力建设，提升监管效能，避免在政策执行中的无谓效率损失。在制度规范上，一方面可考虑制定完善一批核心制度（或改进现有制度），例如国有资本产权制度、国有资本运营管理制度、国有资本经营预算制度和国有资本风险管理风险防范制度；另一方面可考虑建立与强化配套制度，例如政府购买公共服务制度规范、市场化购买资金、公私伙伴关系、公共服务外包、母基金模式、BOT 模式等。在能力建设方面，需要提高国资监管机构的统一性和专业性，推进经营性国有资本监管全覆盖，形成规则统一、权责明确、分类分层、规范透明、全面覆盖的经营性国资监管框架；建立国有资本按市场规则有序进退、合理流动的机制；完善推进量化的考核指标体系和第三方评估机制；构建强化国资监管机构内部研究、培训和知识提升体系，注重政策性、专业性和实操性，为完善国有资产管理体制夯实智力基础。

以上五份材料，构成了一个较为完整的国资资产管理公司金融工程行动方案。

这个方案所运用的金融工程原理和方法为各地各级政府开展这项工作不仅提供了扎实的政策依据，而且提供了行之有效的解决问题的路径和方法。

毫无疑问，湖北省已经在这项工作方面做好了充分的准备。相信湖北省不仅可以在省域层面实施该项工程，而且在市域层面和县域层面也能作出典型示范，并且推行到全国各地！

2020 年 8 月 19 日于珞珈山

献策市政府

　　长江和汉口在武汉市中心交汇，将武汉划成了三个大块，每一块形成了一个重镇。北面是汉口，西面是汉阳，南面是武昌。珞珈山在武昌，与汉口隔江相望。江对岸就是武汉市政府所在地，江岸区沿江大道 188 号。再往北走，就是武汉市委所在地，江岸区解放公园路42 号。

　　2020 年对于武汉市来说是极其不平凡的一年。武汉市在 2020 年上半年成了新冠肺炎疫情的重灾区。全国各地驰援武汉。在中共中央的直接领导和部署下，武汉抗疫取得了决定性的胜利。抗疫的上半场是要控制疫情。抗疫的下半场是要防止疫情反弹并重振经济。武汉市在基本控制疫情后，如何打好抗击疫情的下半场，再次给全国作出榜样？如何以国资企业改革作为突破口，打响国资企业改革行动的发令枪？

关于运用国资企业金融工程创新推动武汉
疫后经济重振与发展的十条建议

　　目前，武汉新冠肺炎疫情基本得到控制，生产和生活正在逐渐恢复。但是，我们仍然面临着复工复产后的疫情防控、疫情反弹、国外输入、经济恢复和重振的巨大压力。为此，我们特向市委市政府提出运用国资企业金融工程创新推动武汉经济发展的十条建议。

1. 完善国资企业改制。

国资企业改制是一项重要而艰巨的工作。此项工作目前还未真正落到实处。建议武汉市制定完善的改制方案,加快工作步伐。

2. 划清债务责任界限。

对于国资企业的债务存量,要划清财政与企业的界限。要么财政接收隐性债务,要么给企业划拨有效资产,使其从根本上解决隐性债务问题。

3. 扩充资产规模。

武汉国资企业整体规模偏小,与武汉市经济发展的需求极不相称。建议武汉市整合现有闲置资产、扩充有效资产及并购重组社会资产,迅速壮大国资企业规模。

4. 提高国资企业信用评级。

有条件的企业,尽可能把评级做到 AA 级以上,同时要扩大 A 评级企业的比重。企业有了较高的信用评级,不仅可以降低融资成本,而且可以大大增加融资规模。

5. 推进国资企业股改。

股改不仅可以促进国资企业改制,而且可以运用股改质押融资。建议国资企业集团公司、子公司、孙公司全面实行股份制改革。

6. 促进国资企业混改。

国资企业与民营企业混改,可以迅速扩大国资控股集团规模,形成巨大的融资能力,直接推动产业升级和发展。

7. 国资企业债券发行。

抓住当前有利时机,扩大债券发行规模。专项债、公司债和可转债都可以成为重要的融资渠道。

8. 国资企业债务置换。

可以通过低成本的银行融资置换高成本的债务融资,降低经营成本和偿债压力。

9. 推动国资企业上市。

由于改制、扩资、并购重组和混改等方式的综合运用,国资企业规

模可以迅速扩大，盈利状况很快会得到改善，很快会有一大批上市公司脱颖而出。

10. 加强国资企业风控体系建设。

信用评级提档升级、担保体系的规范和发展、企业股改后的股权质押以及保险业的商业信用保证保险等措施的实施，可以从整体上提升国资企业的风控水平。

如果我们通过该模式的实施，将武汉市国资企业的资产规模扩大一倍，即从目前的 1 万多亿做到 2 万多亿，我们的融资规模就有可能翻番，我们的经济总量就有可能翻番，所有当前面临的困难都可以迎刃而解。我们就有可能以最快的速度、最高的质效、最强大的推力，撬动武汉疫后经济的重建与发展，并给全国的国资企业改革与创新树立一个成功的典范！

2020 年 4 月 20 日于武汉大学

以下就是 4 月 20 日关于武汉市国资委关于国企发展与创新专题视频交流会议的微信消息：

武汉市国资委召开国企金融工程创新视频座谈交流会

武汉市国资委高度重视市属国企的发展与创新。4 月 20 日，召开武汉市属国企领导人与知名专家教授视频交流座谈会，特邀请武汉大学中国金融工程与风险管理中心主任、长江金融工程研究院院长叶永刚教授，作武汉市国企疫后重振与发展之路——国企金融工程与创新报告。武汉市国资委领导主持视频交流会。

叶永刚教授主要从社会经济与疫情防控基本情况、金融工程基本原理、武汉国企金融实施内容与保障措施、示范成效与社会经济意义等四大方面进行了系统、全面、深入的讲解，对进一步深化武汉市国有企业改革、利用金融发展经济具有重要的指导意义。

武汉市资委领导班子成员、武汉市纪委派驻市国资委纪检组有关负责人、市国资委机关各处室负责人、武汉大学质量研究院院长程虹教授以及相关企业负责人：国资公司、地铁集团、城投集团、地产集团、金控集团、航发集团、武建集团、商贸控股集团、工业控股集团、农业集团、长江金融工程研究院等参加了本次视频交流会议。

2020年7月9日于珞珈山

向八桂大地建言

2020 年 10 月 20 日下午，广西召开十四五金融业规划讨论会。

——叶永刚，2020 年 10 月 20 日于广西南宁

一、对于广西十四五金融业发展规划的总体评价

该规划是一个前期调研充分、起点高、视野开阔、创新性强并极具针对性和操作性的高水平发展规划。

1. 与十三五规划相比，背景更加广阔，内容更加全面，数据更加充分，操作性更强；

2. 既分析了发展的基础，又提出了面临的挑战；

3. 既提出了明确的发展目标和思路，又制定了具体的任务指标和重大举措；

4. 为了保证目标任务的落实，提出了强有力的保障措施。

二、关于几点补充意见

1. 进一步明确疫情时代给予和带来的重大发展机遇。

（1）东盟的地位更加突出；

（2）时间窗口期和政策窗口期；

（3）广西的"一带一路"桥梁作用更为重要。

2.金融业的发展不仅要突出金融产业的发展，而且要突出金融产业对于地方经济的促进和推动作用；

3.金融业的发展不仅要突出总量发展，而且有一个结构优化问题，有一个城乡一体化的发展问题。

三、关于存量分析法的应用

经济学长期运用的是流量分析，着眼于 GDP 的增量，着眼于金融指标的提升。但是经济学长期忽略了存量分析，没有盘活存量并通过存量去激活流量。因此，我们在制定经济和金融规划时，迫切需要将二者有机结合。结合了就盘活了，结合了就可以跨越发展了，结合了就可以创造经济奇迹。

1.存量分析就要求我们加快各级政府国资企业的金融创新。如果我们将一个县的国资企业总资产整出一千亿，十个县就是一万亿，一百个县就是十万亿。十万亿的资产规模能够带来的社会融资规模也是按十万亿来计算。十万亿的融资规模按广西的投入产出比例来计算，就是差不多新增十万亿的 GDP，这不就是我们需要的经济发展速度了吗?！这不就是经济奇迹吗?！

2.存量分析就要求我们加快国资企业与民营企业的混改。混改不仅可以促进企业和产业发展，而且可以进一步扩大国资企业的存量规模和提升其信用水平。

3.存量分析就要求我们加快多层次资本市场的建设，特别是区域性股权市场的建设，即四板的建设。不是要企业挂牌，而是要股改后挂牌，因为股改就可以将资源资产化，资产证券化，其存量就会急剧扩张了。

4.存量分析就要求我们强化乡村国有资产管理，推动乡村振兴金融创新。一个乡镇就有可能整出一百亿的资产规模。有了这个资产规模，

其融资问题就可以彻底解决了。

5.存量分析就要求我们把政府的手和市场的手结合起来，不仅要整出一个崭新的发展速度，而且还要整出一个中国的制度优势，真正为东盟甚至全世界的发展中国家树立一个光辉的典范。如何在十四五规划中体现以上这几点？

我们建议在十四五规划中写上金融工程行动计划的实施。因为金融工程就是要将存量和流量分析结合起来，用存量去创造流量，去创造经济奇迹。其内容有：

1.区域金融工程计划（包括乡村金融工程计划、县域金融工程行动计划、市域金融工程行动计划）；

2.产业金融工程计划；

3.国资企业金融工程计划；

4.中国东盟合作开放金融工程计划等。

目前，武汉大学已经签订了战略合作协议，协助广西推动金融工程行动。这将是一个重大的战略举措。

目前，在金融办的直接领导和协调之下，我们已经选择玉林市博白县作为第一个县域金融工程的示范县，已经制定县域金融工程和乡村金融工程的实施方案。我们已经选择百色市作为第一个市域金融工程的示范市，并且以百色投资管理集团作为第一个国资企业示范点。

我们诚恳地希望自治区政府能够通过这次座谈，在自己的十四五规划中醒目地写上金融工程行动计划，并且由点到面，在全区范围实施金融工程。我们希望广西的金融和经济能够通过金融工程行动计划的实施，走出一条崭新的经济发展道路，为东盟提供借鉴，为全世界树立榜样！

广西博白金融工程行动

我们在下面看到的是广西壮族自治区博白县在 2020 年 7 月 30 日发布的两则微信消息。

第一则消息报道了金融工程座谈会的情况。

叶永刚率队到我县开展经济发展座谈交流

博白县融媒体中心博白融媒

7月29日，武汉大学中国金融工程与风险管理研究中心叶永刚教授率队到我县开展经济发展座谈交流。县委书记罗宗光，县委副书记、县长孙国梁，县委常委、常务副县长刘鹏生出席座谈会。

座谈会上，罗宗光向叶永刚一行介绍了我县经济运行情况、自然地理环境、产业发展状况以及当前全县融资工作存在的困难和问题。

罗宗光表示，希望双方进一步加强了解、密切交流，在融资融智方面多提宝贵建议，为博白县搭建起金融工程项目服务桥梁，不断探索金融工程项目服务县域经济新举措，推动试点县域经济圈快速形成，加快县域经济建设，促进县域经济转型升级。

叶永刚表示，博白县地理条件优越、自然资源丰富，发展金融工程项目前景广阔、潜力巨大。希望博白县充分利用自身网点和区位优势，不断优化产业结构，创新融资产品，提升经济效能，大力推动县域经济又好又快发展。

会议结束后，举行广西区县域金融工程第一示范县（博白）签约仪式。刘鹏生代表博白县人民政府与长江金融工程研究院（武汉）有限公司签约。

这则消息记录了七月二十九日的座谈会及博白县域金融工程的签约仪式。

第二则消息记录的是当地媒体对我的采访情况。我主要介绍了博白县域金融工程的意义。

武汉大学中国金融工程与风险管理研究中心

实施这个金融工程示范，这件事情太有意义了，这个金融工程就是要用金融去推动经济建设发展。第一件事情，我们可以跟现在的这个平

台公司进行金融创新。第二件事情，我们是要平台和银行一起联手，把当地的企业做强做大，从根本上去解决这些企业融资难、融资贵的问题。第三件事情，我们是要政府加上银行等金融机构，加上我们的企业一起去把我们的乡村振兴做起来，用企业去带动农户，推动农村经济发展，用金融来推动经济。

从这两则消息，我们可以看到博白县委县政府对此项工程的高度重视，也可以看到该项目实施的主要内容和重大意义。

博白县的金融工程就这样开始了，广西自治区金融工程的第一枪就这样打响了！

2020 年 8 月 4 日于珞珈山

第五章 乡村振兴中的资产倍增行动

088

　　国资企业能否在乡村振兴伟大战略实现的进程中吹响冲锋号？

　　我们的回答是肯定的！

　　我们的口号是：资源资产化，资产资金化，资金产业化！

　　我们的措施是：乡村资产运营管理公司＋农交所＋乡村企业！

　　有了这"三化"和这"三套车"，乡村振兴战略就可以攻无不克，战无不胜了！

乡村振兴金融工程"五个最后一公里"

如何用金融工程驱动乡村振兴?

这是我们在县域金融工程升级行动中遇到的一个重要问题。

在县域金融工程升级行动中,我们强调三个升级,即国资企业升级、产业升级和乡村振兴升级。

而在乡村振兴升级中,我们最近想到了"五个最后一公里"。哪五个最后一公里?

1. 乡村资产运营管理公司最后一公里。这个最后一公里的关键是村级资产运营管理公司的构建。有了这个最后一公里就解决了农村的抛荒地问题,就解决了乡村村企分开的问题。

2. 乡村企业最后一公里。这个最后一公里是要解决企业带动农户的问题。中国的农户目前是分散经营,难以形成规模的经营,而且大多数农户正在消失。孩子长大了,读书了,进城了,老人们则在农村渐渐老去了。有了企业,这些由资产运营管理公司所集中的资产就可以发挥作用了。

3. 乡村金融机构最后一公里。企业与资产运营管理公司之间可以构成股份制企业,而我们的乡村金融机构则可以进行股权质押融资或开展其他金融服务。

4. 国企最后一公里。国企完全可以下沉到乡村最后一公里里去,不仅可以与乡村资产运营管理公司形成第三方项目公司，而且可以采取资产运营管理公司＋国企＋民企的方式进行混改，形成新的经济主体。

5.担保公司最后一公里。我们可以构建综合性的乡村融资担保体系，将纵向担保与横向担保相结合。纵向指省、市、县、乡村。横向指国企担保、互助担保、民营担保机构等的结合。乡村综合性担保体系的构建，可以为乡村企业的融资增信。

这五个最后一公里可以构成一个较为完整的乡村金融工程体系。第一个最后一公里即乡村资产运营管理公司最后一公里和第三个最后一公里即乡村金融机构最后一公里可以解决钱从哪里来的问题。

我们的第二个最后一公里即乡村企业最后一公里和第四个最后一公里即国企最后一公里，可以解决钱往哪里去的问题。

我们的第五个最后一公里即担保公司最后一公里，可以解决钱的风险如何控制的问题。

这三大问题解决了，我们就解决了金融工程"一手抓住三条鱼"的本质问题。

我们接下来要做的工作就是要到中国的各个乡村去进行示范，推动这"五个最后一公里"到各地生根开花。

2021 年 4 月 3 日于珞珈山

资产倍增行动与乡村资产运营管理公司

从 2012 年春天在湖北省通山县示范县域金融开始，我们武汉大学研究团队就一直在研究乡村金融工程问题。我记得在第一个县域金融工程方案中，我们就有了"乡镇金融工程"的研究和设计。

当时，在团队老师们讨论这个问题时，大家一致认为这个问题十分重要，也具有十分重大的理论意义和现实意义。因为如果我们能够干下一个乡镇，我们就可以干下中国所有的乡镇。而且，中国的乡镇，正是中国经济中最薄弱的环节，并且是最需要去耕耘的地方。

后来，随着我们对县域金融工程研究和实践的深入，我们对此领域的思考和示范也在不断创新。2019 年，我们在广西壮族自治区实施博白县域金融工程时，第一次提出乡镇资产运营管理公司的构想，并且将这一构想写进了博白镇的金融工程方案。但是，我们在当时还没有将这个问题与农村集体产权制度改革联系起来思考。

等到 2021 年春天开始研究武汉市农交所金融工程时，我们对这个问题则有了更为清醒的认识。于是，当我们在湖北省安陆市进行金融工程升级时，我们便动员该市拿出三个乡镇做示范，每个乡镇都成立乡村资产运营管理公司了。这些乡镇的干部过去很长时间处于"有想法，没办法"的状态。因为没有资产运营管理公司，他们便无法自己动手去配置乡镇的经济资源。乡村资产运营管理公司使他们的能力得到了很大的解放。

后来，在实施武汉市金融工程升级的过程中，我们又在武汉市黄陂区和蔡甸区进行了研究、设计和示范。

我们在这里给大家提供的就是我们在 2021 年春天为武汉市政府所构想的乡村资产运营管理公司方案。

关于武汉设立乡村资产运营管理公司的建议

为了进一步贯彻《中共中央、国务院关于稳步推进农村集体产权制度改革的意见》（中发［2016］37 号），落实《中共湖北省委湖北省人民政府关于稳步推进农村集体产权制度改革的实施意见》，（鄂发［2017］17 号）推动《中共武汉市委武汉市人民政府关于进一步加快推进农村集体产权制度改革的实施意见》（武发［2017］24 号）的全面落地，根据《武汉市农村集体资产资源交易和集体资金采购实施细则》，我们在对武汉农村综合产权交易市场、相关城区街道和农村乡镇进行调研的基础上，特提出武汉设立乡村资产运营公司的建议。

一、武汉市设立乡村资产运营公司的必要性和紧迫性

从必要性来看，武汉市农村集体产权制度改革需要从股份合作化走向股份公司化。武汉市农村集体产权制度改革在全面完成集体资产清产核资、集体经济组织成员身份清理确认和基本完成股份制改革之后，迫切需要进一步加快改革的步伐，探索农村资源如何有效配置并实现乡村振兴战略目标的新的道路和模式。

农村集体产权制度的改革不仅需要解决资源整合问题，而且要解决资源的有效配置问题。较为具体地讲，这些资源不仅要资产化，而且要资金化，并且还需要产业化。

我们目前的农村集体产权制度改革仅仅在解决资源资产化的问题。农村的资产有资源性资产、经营性资产和非经营性资产。我们目前的资产化主要是农户土地承包权的资产化，大多数资产并没有进入资产负债表，从而形成"资产包"。光有资产化是很难实现乡村振兴目标的。资产还需要资金化，资产还需要产业化。只有这样，进入资产化的资源才

能真正发挥经济效益，否则就会形成无效资产甚至不良资产。

从紧迫性来看，武汉市迫切需要通过乡村振兴的制度创新来促进城乡一体化发展。为了保障武汉市十四五期间经济目标顺利完成，武汉市迫切需要解决资金的有效供给，而乡村资产运营管理公司体系的建立，则可以迅速扩张国资企业的资产规模，并提升这些国资企业的信用评级，从而迅速扩张武汉市经济发展所需的融资规模。

二、武汉设立乡村资产运营公司的基本构想

武汉设立乡村资产运营公司，可采取市、区、街（乡镇）、村四级联动和"乡村资产运营公司＋农交所＋乡村企业"三位一体模式。

1. 村一级可设立乡村级资产运营管理公司。所有的村级资源全面进入"资产包"，形成股份制公司，再由该资产运营公司管理所有资产，与第三方乡村企业开展资产重组或混改，并形成具有当地特色的生产企业和产业。目前农村普遍存在的股份合作化形式，很难适应现代农业产业化的发展，建议"登堂入室"，尽快实现公司化。

2. 街（乡镇）一级可设立街（乡镇）级资产运营管理公司，统一运营和监管全街（乡镇）资产的经营管理。各村级资产运营管理公司为街（乡镇）资产运管理公司的子公司。各街（乡镇）资产运营管理公司，除了各村级子公司的资产外，还有很大一个组成部分为街（乡镇）本级资源所形成的资产。这些资产同样可以运用子公司的方式进行统一运营和监管。这种制度设计既可以强化乡村资产运营管理公司的统一运营和监管，又可以通过资产整合迅速扩大乡村资产运营管理公司的资产规模，使其资产资金化。

3. 各区和园区还可设立区级资产运营管理总公司。该总公司负责全区乡村资产统一运营和监管。该总公司不仅可以自主经营，而且可以与其他各种类型的企业进行资产重组，做强做大乡村企业。

4. 全市可设立市级乡村资产运营管理集团公司。该集团公司可统筹全市乡村资产运营和管理，并与其他国资企业和乡村企业进行并购、重组、混改，并推动企业股改和上市。

5. 全市乡村资产运营和管理可以采取"乡村资产运营公司＋农交所＋乡村企业"三位一体模式。所有的乡村资源通过农交所的交易活动进入乡村资产运营管理公司，所有的资产运营管理公司同样通过农交所进入第三方乡村企业。这些乡村企业不仅可以与乡村资产运营管理公司的资源进行整合而形成股份制企业，而且可以与任何其他企业形成股份制企业。

这种"四级联动"加上"三位一体"的混合模式将形成武汉农村集体产权制度改革和乡村振兴的鲜明特色和崭新思路，并将为武汉城乡一体化和整体经济的发展奠定坚实的基础。

三、武汉市设立乡村资产运营管理公司的理论背景及其前期工作基础

武汉市设立乡村资产运营管理公司是中国实现乡村振兴伟大战略的客观需求。新中国成立后，中国农村经济的发展从农村土地改革一直走到现在的"大包干"，其中经历了互助组、合作社、人民公社，再到后来的联产承包责任制。我们在经历了改革开放后的"家庭承包制"即"大包干"之后，农民不仅解决了温饱问题，而且农民工可以进城自主务工和创办企业了，但是，大包干之后，农村资源大部分闲置且基层管理政企不分，这些问题极大地阻碍了农村经济体系的完善和农村经济的发展。

农村经过实施脱贫攻坚伟大战略之后，这些问题有了很大的改善，但是在脱贫攻坚战略目标的实施过程中，我们的关注点主要在于农户，特别是贫困地区的贫困户，我们的经济手段主要是财政手段。而财政措施和手段很难实现农村经济的根本性改变，因此，在乡村振兴的战略中，我们需要调整聚焦点，采取更有效的经济手段和方法。我们需要通过资产管理运营公司有效配置农村经济资源，运用财政与金融相结合的手段，实现农村资源的资产化、资金化和产业化。

武汉市作为全国农村经济发展改革示范城市，在前期做了大量基础性和创新性的工作。武汉市率先成立了中国第一家农村综合产权交易所。该交易所的经验和做法给全国其他地区树立了榜样，并引起了中共

中央的高度重视，而且，习近平总书记亲自视察该所，并且对该所在农村土地流转和制度改革方面提出了殷切的期望。

不仅如此，武汉市在脱贫攻坚的战略中大力倡导"三乡工程"，并且在农村集体产权制度改革方面，通过各地的示范和试点，也走在了全国的前列。

这些工作都为武汉市下一步在中国率先设立乡村资产运营管理公司体系和农交所市场运行体系打下了坚实的基础，并创造了良好的条件。

四、关于设立乡村资产运营管理公司的具体建议

为了使乡村资产运营管理公司的构想能在武汉地区尽快落实，我们提出如下具体建议：

1. 武汉市设立乡村资产运营管理公司体系建设领导班子。

2. 武汉市政府制定乡村资产运营管理公司的总体方案。

3. 武汉市政府出台相应的政策文件，要求相关部门落实该项工程。

4. 乡村资产运营管理公司可与农交所和农业产业基金形成相互支持和促进的协同创新机制。

5. 乡村资产运营管理公司体系的构建可以采用从下至上的逐级推进方式进行，可以先设立村级资产运营管理公司，再逐渐推进到街（乡镇）级、区级，再上升到市级。

6. 武汉市政府对于资产运营管理公司的设立及其与第三方乡村企业的股份制改造出台适当的补助政策。

7. 对于乡村一级资产运营管理公司的管理人缺口问题，可以充分发挥基层干部的积极作用，允许乡村干部在资产运营管理公司任职以缓解乡村振兴管理人才不足的困难。

8. 完成农村集体资产股份合作制改革试点并通过国家考核验收的街、区可以先行进入乡村资产运营管理公司试点，然后推向全市所有街区。

9. 加强武汉乡村资产运营管理公司体系构建的培训和宣传工作。建议将该项工作与乡村振兴和农村集体产权制度改革的培训和宣传相衔接。

五、武汉设立乡村资产运营管理公司的重大意义

由于该项工程是推动武汉乡村振兴和城市一体化的系统工程并且具有鲜明的武汉特色和开创性，因此，它的实施将具有重大的社会经济意义和典型的示范作用。

1. 它的实施将使农村集体产权制度改革迈出新的步伐。目前全国的农村集体产权制度改革主要停留在资源资产化阶段，该项措施可使其进入资金化和产业化阶段。前期的资源资产化主要是农户承包土地经营权的资产化，其他资源基本处于闲置状况。

2. 它的实施可以使乡村振兴找到一个新的突破口。乡村振兴必须解决乡村产业化问题。乡村产业化迫切需要产融结合。产融结合的资金来源在哪里？设立了乡村资产运营管理公司，就可以形成巨大的资产规模，从而从根本上解决钱从哪里来的问题。

3. 它的实施可以为农交所的发展找到一个崭新的发展模式。武汉市农交所是全国最早成立的农交所。习近平总书记曾到该所进行视察，并作出重要指示，要求"将土地流转工作做得更好"。农交所与乡村资产运营管理公司和农业集团的农业发展基金协同创新就可以实现总书记的愿望和期待，并为全国的农村综合产权交易市场探索出一个符合中国国情的崭新模式。

4. 它的实施可以为武汉市的国资企业改革树立一个新的典范。武汉市的国资企业改革亟须加快改革步伐并迅速扩大资产规模，而乡村资产运营管理公司的设立可以迅速完成这项任务并为其他国资企业树立样板。以我们最近对黄陂区、蔡甸区等地的调研情况来分析，一个乡村可以形成百亿以上的资产规模，一个区就有可能形成千亿以上的资产规模。武汉市仅此一项就可以增添万亿以上的资产规模，这对武汉市经济发展的撬动作用是不言而喻的。

2021 年 8 月 10 日于珞珈山

资产倍增行动
与农交所交易市场运行体系

2021 年春天，我们研究团队接受了武汉市农业集团关于"农交所金融工程研究"的课题。在课题中，我们构建了"三套车"的农交所交易市场运行体系。

在这"三套车"中，我们首先强调了乡村资产运营管理公司的构想。我们认为这是解决中国农村在实现"大包干"后所存在问题的关键。我们接下来设计了农交所和乡村企业与乡村资产运营管理公司协同创新的崭新体系和运行机制。

以下便是我们给武汉市农业集团提供的具体构想和建议。

农交所交易市场运行体系及服务创新实施建议

为进一步促进武汉农村综合产权交易所有限公司可持续发展，探索形成支持实体经济绿色发展的可复制可推广经验，构建符合武汉农村综合产权交易所有限公司实体运行规律的金融体系，特提出以下建议。

一、农交所交易市场运行体系及服务创新的必要性

（一）武汉农交所的基本情况

武汉农交所是湖北省、武汉市人民政府批准设立的非营利性国有独资公司。2009年4月成立，由武汉市农业农村局作为出资人对农交所进行综合管理；2019年6月农交所整体划转市国资委，由市国资委行使出资人职能；2020年9月按照市政府国企改革统一部署，并入农业集团，成为农业集团的二级子公司，由农业集团进行全面管理。

截至2020年12月31日，农交所累计办理农村产权交易鉴证登记4151宗，交易金额222.76亿元，涉及流转面积148.06万亩。联合金融机构为农业企业、合作社、家庭农场、种养殖大户发放农场产权抵押贷款55.43亿元。

（二）农交所存在的问题

1.进场交易品种不平衡。目前，农交所可进行交易的产品有十大类，包括：农村土地承包经营权、农村集体经济组织"四荒地"使用权、农村集体经济组织养殖水面承包经营权、农村集体林地使用权和林木所有权、农业类知识产权、农村集体经济组织股权、农村房屋所有权、农村闲置宅基地使用权、农村生产性设施使用权和二手农机具使用权。但是当前交易量主要集中在农业部门负责的农村土地承包经营权，农村集体经济组织"四荒地"使用权、农村集体经济组织养殖水面承包经营权三类。由于前几年大规模推动土地流转，可供流转的土地资源越来越少，和农地有关的业务逐年萎缩。而其他七类农村产权，由于存在法律规范制约、确权不到位等原因，暂时交易量很少或者尚未开始交易。因此，农交所产权交易市场配置功能尚不健全，交易所综合性体现不足。

2.创新性业务探索成效不明显。农交所还在一直积极推动探索农村集体"三资"（资产、资源、资金）交易及采购问题，但是目前尚未能突破进场交易问题。按照国土资源部有关政策规定，集体建设用地流转属于国土资源管理范畴，国土资源部、省国土厅和武汉市已出台的文件均规定，应建立城乡统一的土地市场，集体建设用地流转应当在土地有形市场交易。目前此项业务突破还存在政策方面的障碍。

3."市区乡"三级市场体系建设有待完善。农交所成立初期，部分

区政府在各区政务中心设立了农村产权交易窗口，由各区负责对平台的人财物进行管理，与农交所既无行政上的上下级关系，也无产权所属关系，农交所有业务上垂直管理的职责，但缺乏有效的管理手段。随着改革试验区建设任务的完成，各区级交易窗口相继撤销，农交所在各区授权开展农村产权交易业务的触角也随时弱化。农交所不能获得全市农业农村资源第一手信息，无法满足市场主体就近交易的迫切需求，在发挥组织撮合交易的功能方面难度加大。

4.企业竞争能力有待提升。这主要体现在以下几个方面：一是营收能力不强。目前主要收入来源是向交易主体收取的交易服务费。自成立以来，农交所对农村集体经济组织和农民一律免收费用，对其他交易主体收费标准较低。虽然市财政每年安排一定的运营经费，但资金拨付渠道和拨付额度不稳定，营收仅能用来维持正常运营。二是平台功能性还需要进一步提升。价格发现、信息集散、咨询策划等功能较弱，特别是通过市场化手段搜集信息、引导交易、撮合交易方面还远不能满足企业长期发展需要。

二、农交所交易市场运行体系及服务创新的主要内容

（一）市场运行体系构想。

构建一套以"农交所—服务中心—资产运营管理公司—国资企业—金融机构"为核心的创新体系。在各区县设立农交所服务中心，在各乡镇建立乡村资产运营管理公司，由服务中心推动各乡村资产运营管理公司将各项农业资源在农交所确权交易。待各项农业资源成功确权之后即可引入各大国资企业和金融机构，进行企业混改、并购、重组或者直接及间接融资，快速扩大企业规模，提高企业评级水平，降低融资成本，提高金融资本利用效率。

（二）市场交易产品与服务创新。

1.目前农交所已成功实现了农村土地承包经营权、农村集体经济组织"四荒地"使用权和农村集体经济组织养殖水面承包经营权的入场交易。其业务主管部门农业农村局合作经济指导处与渔业渔政管理处应继

续对这三类产权交易予以大力支持，进一步整合农业资源，扩大农交所交易规模，提高交易质量。

2.目前农村集体经济组织股权只限于集体内部流转；因国家对农机具报废、采购新机具有政策补贴，二手农机具本身也存在定价困难、耗损严重等问题，目前二手农机具使用权市场不活跃；农业生产性设施使用权、农村房屋所有权和农村闲置宅基地使用权目前确权颁证工作尚未完成，进场交易较为困难；农村集体林地使用权和林木使用权市场不活跃，生态公益林流转经营受国家政策限制，其进场交易前置审查流程也尚未明确；农业类知识产权存在一部分科技成果未办理专利证书的问题，同时武汉已有一家科技转化平台和武汉知识产权交易所，在这方面存在着业务上的责、权、利冲突。长江金融工程研究院可协助农交所争取省市县各级政府及主管部门的支持，推动政府出台有利于农交所业务开展和多产品入场交易的政策。

3.实现市场交易产品创新与乡村振兴的对接。各级政府可与农交所一起实施金融服务创新工程，对接各类金融机构及国资平台，以确权后的各项资源作为抵押进行融资，创新农交所金融服务与产品，助力乡村企业与经济发展，服务于乡村振兴和地区经济发展，推动城乡一体化。

三、农交所交易市场运行体系及服务创新的社会经济意义

（一）落实习近平总书记视察武汉农交所时的讲话精神

习近平总书记在全国金融工作会议上提出了"服务实体经济、防控金融风险、深化金融改革"三大要求。在视察武汉农交所之后他也提出了要在坚持农村土地集体所有性质的前提下完善联产承包责任制，既保障基本农田和粮食安全，又通过合乎规范的流转增加农民收入。

（二）创新武汉市农交所市场运行体系及商业模式

探索农交所崭新的商业模式，从对农户营销拓展到对民营企业、国资企业、产业区营销。武汉农交所目前收入来源主要依赖于政府划拨的运营经费，营业收入占比较少。未来应扩大农交所服务对象范围，从现在的以农户和集体经济组织为主转变为以各大国资企业、民营企业、

产业园区和乡村资产运营公司为主，收取适当的手续和交易费用，提高农交所经营服务绩效。同时综合运用各种金融服务，如小额贷款、租赁、保理、担保、典当等，全方位服务农交所主体业务，拓展盈利新模式。

（三）促进武汉市农业发展集团高质量发展

农交所可以利用好武汉市农业集团内部金融资源，强化集团内部融资功能，促进集团内部良性循环；可以与农业集团一起建设农交所产业基金体系，新建一支或数支产业基金，汇集社会金融资源，然后对有发展潜力的项目提供信用支持或融资支持；还可与各种社会基金共建产业基金体系，协同创新，促进武汉市农业发展集团高质量发展。

（四）树立武汉市国资企业金融工程创新典范

农交所可全面服务国资企业三年改革行动计划。协助国资平台将水面资源、森林资源、矿产资源等资源资产化，扩大国资平台资产规模，提高信用评级，扩充融资规模，降低融资成本，完成国资企业资产倍增行动计划。再通过联合武汉大学、各媒体及各区县政府举办全国范围的专业论坛，推广国资企业金融工程先进经验，把农交所树立为武汉市国资企业金融工程创新典范。

（五）探索武汉市经济发展新道路

农交所可协助武汉市各经济园区盘活农业产业资源，拓宽融资渠道，扩大融资规模。待初见成效后，选择样板、打造典范，逐步推广到各地，探索一条武汉市经济发展的新道路。

四、农交所交易市场运行体系及服务创新需要的相关政策支持

1.建议武汉市国资委在"十四五规划"中将农交所市场运行体系及服务创新等重大措施作为重要内容予以体现，并作为武汉市深化体制改革的中心战略任务之一。

2.武汉市政府出台武汉市农交所交易市场运行体系及服务创新的相关文件。

3.武汉市各级政府设立乡村资产运营管理公司体系。由市政府出台相关政策，通过国资委组织协调设立，在各级政府设立相应的乡村资产运营管理公司。

4.武汉市农交所设立各地综合服务中心。由武汉市农交所协同各区县乡镇设立乡村资产运营综合服务中心,协助政府落实乡村经济资源配置的相关政策。

5.乡村资产运营管理公司通过农交所进场交易农村综合产权及其相关经济资源,对各项农业资源完成定价确权,完成资源资产化、资产资金化、资金产业化的转化工作。

6.政府主管部门应协同农交所拓宽农业资源可利用范围,赋予更多的农业产品金融属性,让更多资源资产化。目前农交所已进场交易的产权主要有农村土地承包经营权、农村集体经济组织"四荒地"使用权、农村集体经济组织养殖水面承包经营权三类,还有大量农业产权资源有待进场交易。建议市政府出台相应政策以加快农业资源进场交易步伐。

7.完善农交所要素市场结构。为了进一步整合乡村振兴经济资源,盘活资产运营管理公司存量资产,实现乡村产业振兴,武汉市农交所可拓宽服务领域,使要素市场结构进一步合理化,设立其大宗农产品要素市场,如茶叶、牛肉、水果、咖啡、酒业等交易中心。

8.武汉市涉农管理部门协同创新。目前农交所可交易产权主要业务主管部门及登记部门为农业农村局、园林和林业局、市场监督管理局(知识产权局)、自然资源和规划局、经管局及住房保障和房屋管理局。建议业务主管部门及登记部门根据农交所交易品种及类别做好对接、沟通和衔接工作。

9.金融局及相关管理部门做好监督、管理与业务指导工作。长江金融研究院与武汉大学金融工程与风险控制研究中心可以提供理论支持与学术支撑。

10.推动乡村人才战略,由农交所牵头对乡村及乡镇干部开展培训工作,促进乡村振兴工作稳步前行。

2021年8月10日于珞珈山

乡域如何可传奇

近年来，每次回黄陂老家时，总可以在公路南面看到一个"乡域传奇"的旅游景点广告牌，真想下去看一看，但总未如愿。

终于有一天，机会来了。湖北省农业厅副厅长丁峰告诉我，有一个企业家叫李继文，在我们老家流转了一片土地，想搞一个叫作"乡域传奇"的企业，希望我能一起去看一看。

后来，我和丁峰先生一起去看了。我们不仅看了，而且还准备以此作为乡村振兴的一个样板来打造。

我们长江金融工程研究院多次研究讨论，专门研究该企业的问题。乡域传奇，这个名称很好，但如何做到成为传奇？

我们想在农村土地的问题上有所突破。

我们想把该项目作为乡村振兴金融工程的一个示范点。

该企业已经向农户流转了 4000 多亩土地，还想多流转一些，放在一起打造一个集生态旅游与健康养老于一体的综合体。

我们的一个构想是要在各村成立一个资产运营管理公司。该公司实行股份制。农民将土地经营权入股，而村集体将其他资产一并入股。然后再由乡域传奇公司与这些资产运营公司共同组建第三方项目公司。

该项目公司也实行股份制。该项目公司直接与各村的资产运营管理公司打交道，而不用去与各个农户打交道了。由此一来就省去了项目公司的很多麻烦。

各村的资产运营管理公司还可以在乡镇层面成立资产运营总公司，将各村的资产运营公司并表。各县还可以将各乡镇的资产运营公司并表。由此壮大资产运营公司的资产规模、信用评级和融资能力。

一个县域经济如果有了这样一个资产管理运营公司，就可以解决大包干后的资产闲置问题，就可以解决乡村振兴中的政企不分问题，就可以解决乡村振兴和县域经济发展的资金来源问题。

在孝感市的孝南区，人们正在筹建农旅投公司。这是区县一级的资产运营管理公司的雏形。我们在广西博白的乡村振兴方案中，已经形成了乡镇一级资产运营公司的雏形。在湖北省武汉市，我们做过省、市两级资产运营公司的方案。这次在我们老家黄陂六指地区，我们所要突破的就是乡村一级资产运营管理公司的瓶颈。这个瓶颈一旦突破，它所带来的将是农村土地制度上的又一次深度改革。

我们决心加快该项目的研究和实施了。

清明节一过去，我们就要再去黄陂六指。我们希望乡域传奇项目能够真正变成一个乡村振兴的传奇。

2021 年 4 月 3 日于珞珈山

乡村资产倍增与乡村金融工程行动

为了帮助大家了解乡村资产倍增和乡村资产运营管理公司的关系，我们以武汉市乡域传奇农业发展有限公司的金融工程方案为例，来进行具体分析和讨论。

以下是我们为该公司设计的金融工程方案初稿。

武汉乡域传奇农业发展有限公司
乡村振兴金融工程研究、设计与实施
（讨论稿）

为进一步贯彻中共中央十九届五中全会精神，特别是习近平总书记关于乡村振兴的重要讲话、重要指示批示精神，实现脱贫攻坚成果同乡村振兴有效衔接，达到让农业更强、农村更美、农民更富的总体要求，为全面建设小康社会走出一条质量更高、效益更好、结构更优、优势充分释放的乡村振兴发展新路，从而全面提升武汉乡域传奇发展有限公司的整体实力和竞争力，我们在前期调研和讨论的基础上，特编制"武汉乡域传奇发展有限公司（下称：乡域传奇公司）乡村振兴金融工程研究、设计与实施"方案，供公司高层决策参考之用。

一、乡域传奇公司金融工程指导思想

（一）认真学习十九届五中全会报告，落实习近平总书记关于乡村振兴的系列讲话精神，提升乡域传奇公司理论水平。

（二）对照 2021 年中央一号文件，将一号文件精神作为乡域传奇公司未来五年的工作指引，提出新的目标和任务要求。

（三）始终坚持金融为实体经济服务，促进乡村产业振兴发展，为全市、全省乃至全国的乡村振兴发展提供示范支持，强力打造乡村振兴武汉样板。

（四）运用金融工程的原理与方法，在控制风险的前提下，全面提升乡域传奇公司的运营水平和质量，为推动中国乡村振兴产业化发展做贡献。

（五）运用金融工程创新工具，积极促进农村资源资产化、资产资金化、资金产业化。

（六）实现近期效益和长远效益相统一，进一步推动乡域传奇公司快速健康发展。将乡域传奇公司建设成为全国巩固脱贫攻坚成果并同乡村振兴有效衔接的金融工程创新典范。

二、乡域传奇公司金融工程目标任务

（一）制定"武汉乡域传奇发展有限公司乡村振兴金融工程研究、设计与实施"总体方案。

（二）加快对乡域传奇公司股份制改造步伐，并在武汉股交中心挂牌，充分运用多层次资产市场，深化其产融结合。

（三）通过股改、混改促进乡村资产与乡域传奇公司资产的有效整合，构建一套成熟的商业运行模式，为乡域传奇公司做大做强提供持续动力。

（四）拓宽乡域传奇公司融资思路，对接武汉市各类金融机构，开发出符合农村抵押融资的新产品、新模式，充分满足乡域传奇公司参与乡村振兴发展过程中的资金需求。

（五）积极推动乡域传奇公司与黄陂区政府相关部门对接，以乡域传奇公司业务特点为依托，推动试点区域乡村振兴的发展。

（六）对乡域传奇公司发展存在的问题进行研究，围绕乡域传奇公

司的发展，运用金融手段增强企业运营能力等方面提供咨询及培训服务。

（七）协助乡域传奇公司打造武汉乡村振兴示范基地，举办乡村振兴的高端论坛，形成乡村振兴金融工程知名品牌。

（八）通过本方案的研究与实施，为乡域传奇公司培养出一批既懂金融，又懂实体经济的专业人才。

三、乡域传奇公司金融工程主要实施措施

（一）制定乡域传奇公司金融工程实施方案

1.召开乡村振兴专题座谈调研会，研究现状、问题与思路，制定和完善《武汉乡域传奇发展有限公司乡村振兴金融工程研究、设计与实施》。

2.确定金融工程实施步骤及时间安排，举办乡域传奇公司乡村振兴金融工程报告会，提高其认识并统一思想。

3.具体建议：对接长江金融工程研究院研究团队，制定乡村振兴金融工程实施方案，落实方案主要措施，并在推进过程当中不断调整相关内容。

（二）成立镇、村资产管理运营公司金融创新试点

1.理清试点乡镇现有资产，以扩大增量、盘活存量、壮大乡村资产规模为出发点，同时将现有有效资源整合，成立镇、村一级的资产管理运营公司，以政府为主导为乡镇经济发展提供集中性资源，促进农村经济健康发展。

2.促成试点区域的农业农村资源、资产在武汉农交所集中确权及交易，使农业农村资源、资产通过市场原则有序流转，实现资源价值高效提升，做到"资源资产化"，形成乡村振兴的先行示范。

3.实施金融服务创新工程，对接各类金融机构，以确权后的资源作为抵押进行融资，创新金融服务与产品，实现"资产资金化"，服务于乡村振兴的地区经济发展，推动城乡一体化。

4.严格落实中央政策，发挥资产管理公司市场主体地位、政企分开

等自身优势，促进乡村振兴高质效发展。

5.具体建议：对接黄陂区金融办、六指街办事处、武汉农业集团、武汉农交所及乡村振兴相关部门和黄陂区政府平台公司，树立样板并向其他地区推广。

（三）推动乡域传奇公司企业股改、挂牌

1.引入中介机构为企业制定股改方案，推动企业股份制改造，规范企业法人治理结构，建立现代企业制度，提高资本市场意识，培养出高素质、高实操、高能力、懂资本市场的专业性人才。

2.梳理市、区二级挂牌上市奖励政策，对于乡域传奇公司在武汉股交中心股改、挂牌，按照现行政策提供奖励支持和辅导。

3.疏通股权质押融资通道、可转债等融资通道，使股改后的企业能够尽快地实现直接融资的突破。

4.具体建议：对接黄陂区金融办、区农业农村局和武汉股权托管交易中心。

（四）实现乡域传奇美丽田园建设金融工程

1.基于乡域传奇乡村振兴试点区域现状，对试点区域金融发展水平、产业发展状况等进行摸底调研，运用金融工程创新，盘活现有乡村资源，打造美丽田园建设样板工程。

2.采取企业包干制原则，按照"政府+龙头企业+农户+金融"模式，拓宽农民经营思路，鼓励土地流转、土地经营权入股。金融机构通过扶持企业，再通过企业帮助农户的方式，加大产业支持力度。围绕支持乡村振兴企业发展用足政策、创新金融产品，提高金融助推乡村振兴工作水平。

3.推动产融结合。结合乡村振兴发展规划，选择优势产业，依托企业带动农户的联结机制，整合银行、担保等金融工具，调动各类金融资源开展乡村金融创新，为乡村产业发展提供金融支持。通过政府促进金融创新，通过金融创新支持乡镇企业，推动金融资源向乡村倾斜，从根本上解决农村致富时的资金问题。为乡村产业发展提供金融支持，加快

乡村产业振兴步伐。

4.具体建议：对接六指街党委政府，协调黄陂区金融办、区农业农村局参与。

（五）推动乡域传奇公司企业混改

1.将乡域传奇公司混改与股份制改造相结合，引导合适的企业进行并购重组，推动乡村振兴产业集聚提升。以此次乡村振兴金融工程为契机，打造出一个大企业、带动一个乡村振兴产业链、形成一个乡村振兴产业集群。

2.混合所有制改革的路径选择。一是乡域传奇公司在股份制改造的过程中，通过外部合伙人，实行交叉持股、相互参股，构建混合型企业。二是在开发新的项目、组建新公司中尽可能地形成混合型企业。三是通过乡域传奇企业股改后的股权，通过增持减持，增资扩股，发行可转债、私募债等方式优化股权结构，促进各类资本融合。四是可以借鉴现有企业重组改制的方法，培育优质资产推向市场。乡域传奇公司可以成为一家上市公司（或即将IPO的企业）的子公司，达到借壳上市目的，从而打造乡村振兴产业龙头企业。由于有乡村振兴、绿色、环保、农业、新能源、碳达峰等前沿题材，很多公司都愿意与其合作。

3.具体建议：对接黄陂区金融办、区农业农村局、区招商局、武汉股交中心。

（六）设立乡域传奇乡村振兴产业基金

1.建立乡域传奇乡村振兴产业基金。由乡域传奇公司新建一支乡村振兴产业基金，汇集社会各种金融资源形成合力，然后对有发展潜力的乡村振兴项目提供信用支持或融资支持。

2.运用各种社会基金，共建产业基金体系，协同创新，促进乡村振兴地区产业快速发展，即"资金产业化"。

3.在构建乡域传奇乡村振兴产业基金方面，建议重点引入成长期的投资人或投资机构，为实现企业更长期更有利的发展奠定基础。通过产业基金实现资产变现、资源盘活，推动企业从中小型变成为优质大型企业，带动乡村振兴产业发展。

4.具体建议：对接中植产业基金以及其他各类基金。

（七）推进乡村振兴订单农业融资

1.乡域传奇公司可以大力推广订单农业模式。订单农业有利于解决"小生产、大市场"的矛盾，减少农民决策的盲目性，降低农业产业化的运行成本与风险，提高农业抵御自然风险和市场风险的能力，带动本区域农民共同富裕。

2.乡域传奇公司利用自身特点，以供应链金融为依托，加快推动可持续的现代农村金融体系。以金融产品与服务创新的多样性和差异性、金融资源的集中性和共享性，全面提升金融对订单农业的支持。通过订单质押融资，实现企业带动农户奔小康的致富道路。打通乡村振兴金融服务最后一公里。

3.具体建议：对接黄陂区金融办、光大银行、南洋商业银行。

（八）乡域传奇公司上市

1.乡域传奇公司通过各种金融创新方式及股改、挂牌的培育，可以充分发挥企业在乡村振兴高质量发展中的带动作用。

2.充分运用多层次资本市场，拓宽境内外上市渠道。

3.境外上市可作为重大突破口，目前境内上市监管严格，上市成本高、时间长，境外上市环境则相对较为宽松，可由专业团队协助推动企业走上境外上市之路。

4.具体建议：对接天风证券、金天玺等海内外上市团队，推动企业在境内外上市。

（九）乡域传奇公司人才战略

1.拟定一套长效培训方案，对接武汉大学的优质师资资源，为乡域传奇公司培养一批既懂金融，又懂实体经济的金融工程人才。

2.定期开办乡村振兴企业培训班，为乡村振兴从业人员提供系统化、科学化、专业化的培训课程，提升从业人员水平。结合武汉大学的科研力量，为乡村振兴提供更多的人才，从而促进乡域传奇乡村振兴产

业的快速发展。

3.具体建议：对接武汉大学中国金融工程与风险管理研究中心慕课（MOOC）线上系统及长江金融工程研究院，开展各种金融工程创新、风险管理培训教学。

（十）加强宣传，树立乡村振兴金融工程示范典型

1.联合武汉大学及各区县政府举办专业论坛，推广乡村振兴金融工程先进经验，树立乡村振兴金融工程示范典型。

2.联系国内知名媒体，对乡域传奇公司的成绩进行大力宣传。

3.具体建议：对接长江金融工程研究院与武汉大学风险金融工程与管理研究中心，制定论坛举办方案，开展交流与宣传活动。

四、社会经济意义及相关扶持政策建议

以上这些措施构建了一个系统的乡村振兴金融工程方案，其突出了中国特色的乡村振兴金融工程创新。乡村振兴金融工程中的资源资产化—资产资金化—资金产业化的过程，形成了一个有效的资源变产业的路径，其具体实施中的乡村资产运营公司＋农交所＋企业＋农户＋金融等具体措施，形成了乡域传奇公司乡村振兴金融创新的独特模式，可以为全国的乡村产业规划、服务三农、盘活农业资源、推动农业发展乃至促进整个中国乡村振兴事业发展树立可供借鉴的示范效果。

该方案的实施需要积极争取政府部门支持的相关建议如下：

1.争取将该金融工程列入黄陂区政府乡村振兴规划项目，纳入到区乡村振兴计划，得到政府部门的支持。

2.积极争取政府相关部门对于乡村振兴（三农）项目的投入，达到政策与市场有效衔接，政府、企业、农户共赢的目的。

3.以国家政策为指导，对接武汉农交所，对于农村闲置宅基地、集体林权、房屋所有权、农村设施等产权交易先行先试，拿出办法助力乡村振兴。

4.主动对接企业股改、上市相关补助政策，让相关惠企政策落实到实处，促进企业快速成长。

5.积极参与到国企改革三年行动计划中，形成国企与民企的混改，推动乡村振兴发展。

6.积极争取国家对于乡村振兴新的政策窗口期与机遇期，最大限度地发挥企业带动乡村振兴的目的。

五、金融工程保障措施

（一）组织领导机制。成立工作领导小组，建议由乡域传奇公司主要领导任组长、有关政府部门为成员，负责推动金融创新发展，全面加快乡域传奇乡村振兴金融工程建设。

（二）科学制定规划。依托武汉大学研究团队，对乡域传奇乡村振兴试点区域、有关部门、关联企业开展调研，制定重点工作方案。

（三）定期召开专题工作会议，落实工作计划，确保乡村振兴金融工程各项措施的贯彻与实施。

（四）强化培训与宣传。通过召开座谈会、培训会和举办论坛等方式，扩大乡域传奇乡村振兴金融工程的影响力。

长江金融工程研究院

2021 年 5 月 8 日

从以上方案中，我们可以看到乡村资产运营管理公司的具体构想及其在乡村振兴金融工程中的重要作用。

我们期待着这些构想和设计不仅能够在武汉市这块火热的土地上得以顺利地实施，而且能够在实施的过程中不断完善和发展！

2021 年 8 月 10 日于珞珈山

第六章 湖北省武汉市蔡甸区国资倍增行动

　　蔡甸区是武汉市第一个全面实施国资倍增行动的示范区县。该区县的实践给我们找到了一条实施该项工程的有效路径：

　　1. 召开实施国资倍增行动的报告会；

　　2. 布置和下达国资企业制定资产倍增行动工作方案的任务；

　　3. 深入国资企业进一步讨论和磋商工作方案；

　　4. 召开全区国资企业资产倍增行动推进会，进一步落实各项任务和目标。

蔡甸区政府融资平台公司的现状及发展路径思考

——基于区内五家政府融资平台公司的调研

区金融办

长期以来，政府融资平台公司依托地方政府信用，通过公司化实体深入资本市场进行融资创新，为地方基础设施筹集了大量的资金，有效促进了城市基础设施和产业经济发展，但同时也存在着发展的可持续性问题。区金融办通过对蔡甸区五家政府融资平台公司的走访调研，就平台公司的现状及存在问题，提出对发展路径的思考。

一、蔡甸区政府融资平台现状

（一）政府决策占主导地位

政府融资平台的注册资金主要是由地方政府通过财政拨款、划拨土地等方式形成的。融资平台的班子成员一般纳入当地政府组织体系管理，由政府直接任命。在实质运作中，基本上按照政府指令办事，坚持以政治效益和社会效益为先，所以，现阶段的地方政府融资平台是以政府为主导的，为地方服务的独立资产经营公司。

（二）银行贷款是资金来源的主要形式

地方政府融资平台依托政府信用支持，将银行资金以及市场力量集合起来，为城市的公共基础设施建设提供资金支持。总的来看，区内五家平台有五种融资形式：一是通过间接融资方式，即以土地资源和政府信用作抵押或担保，财政预算兜底的形式向银行贷款；二是借助实体企业开展贷款业务；三是发行企业债券；四是发行中期票据；五是进行信托融资。形式种类较多，但资金的主要来源仍是以银行贷款为主，其他融资形式为辅。

（三）融资贷款主要用于公益性基础设施建设

目前，蔡甸区政府融资平台的融资贷款主要用于公益性的基础设施的建设，如城市建设、路网、还建社区建设以及教育、生态治理等公用事业项目。但是就建设现状来说，用于城市建设与还建社区建设的资金较多。这些基础设施建设前期一般要投入大量的资金，且在短时期内得不到收益，出现资金占用周期长、效益较低的现象。

（四）财政支持力度是偿债关键因素

对企业而言，自身赢利能力关乎着公司的可持续发展。与一般企业相比，地方融资平台自身赢利能力较弱。在偿债能力方面，如果依靠融资平台自身的造血功能，显然其偿债能力十分有限，因此就必须依靠政府的补贴收入来获取可持续发展的机会。因此，政府财政收入的水平以及政府对融资平台的财政支持力度决定了融资平台偿债能力。

（五）金融政策收紧导致融资渠道变窄

为了防范和化解地方政府债务风险，中央相继出台了多项文件，缩紧了地方融资平台的融资行为。受政策影响，金融机构贷款条件和限制要求增多，或者直接停止放款，融资通道逐一关闭，致使融资难度加大。更有部分银行就前期已签订合约未提款项目要求提前终止，致使平台公司陷入窘境和困局。

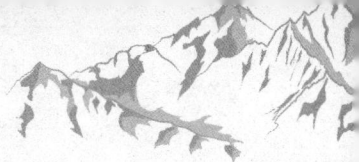

二、蔡甸区政府融资平台存在的问题

（一）存量债务巨大，债务风险不断攀升

平台公司建设的项目绝大多数是基础设施项目，投资规模大，且难以产生现金流入，存量债务偿还只能靠借新还旧。由此造成债务规模越滚越大。调查显示，截至 2019 年 9 月末，蔡甸区政府债务余额为 68.62 亿元（不含隐性债务），地方政府的隐性债务总额大约为 84.12 亿元，而其中平台公司的债务总额达 76.64 亿元，占比 91.11%。据调查，绝大多数平台公司的资产负债率在 80% 以上，实质上已经资不抵债。

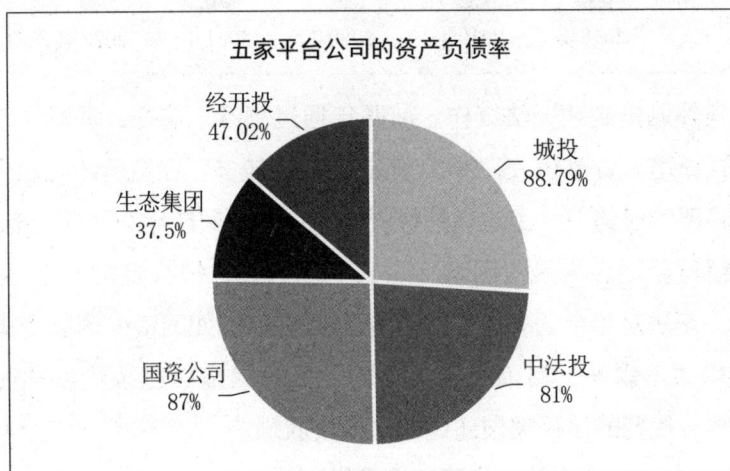

五家平台公司的资产负债率

- 经开投 47.02%
- 城投 88.79%
- 生态集团 37.5%
- 中法投 81%
- 国资公司 87%

（二）融资环境趋紧，债务续接压力巨大

近年来，平台公司举步维艰，具体体现在：

1. 债务到期量大。我们对五个年度的平台公司融资项目额度进行了归总。如下图所示，自 2019 年起的债务体量明显大于往年，而 2019—2021 年是债务相对集中到期的时间段。工行蔡甸支行为最大的融资来源机构，融资总额为 21 亿元；建行其次，融资总额为 20.8 亿元。这里需要特别关注的是 2016 年 1 月 7 日国资公司与建行蔡甸支行合作成立的建信建设发展基金 15 亿元，于 2021 年 1 月 6 日一次性偿还本息合计

15.06 亿元，这对区财政资金的调度是一个巨大的考验。

（亿元）　　　　五大平台公司年度还款额（本息合计）

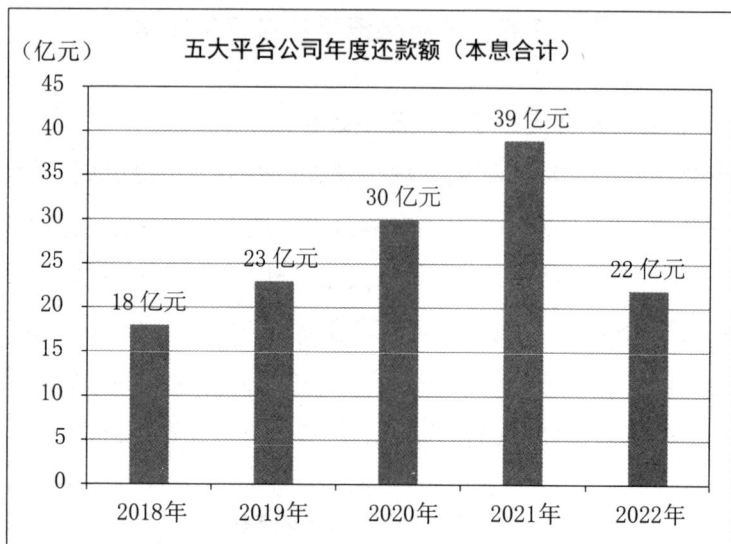

2. 表外融资到期无法续作。前两年通过债券、信托、理财、基金等表外方式新增融资量较大，2021 年到期情况较多。在资管新规出台、财政监管趋严的形势下，上述表外融资 2021 年到期的大多数无法续作。

3. 银行新增表内融资困难。除 PPP 项目外，银行受财金 23 号文影响较大，无法对平台公司提供充足额度授信。例如国资公司因受国开行棚改贷款政策影响，目前在建的还建社区项目依靠棚改贷款已无可能性，还需寻找新的途径突破还建社区融资瓶颈。

（三）有效资产不足，发债道路受阻

目前蔡甸区五家平台公司中具备主体评级 AA 级评级标准的仅为城投和生态集团两家，其余三家的阻滞因素主要表现在有效资产不足，资产达不到其他融资方式最低标准。例如中法投，公司成立满 4 年，达到发债基本条件，2018 年曾与长江证券、海通证券、大华会计师事务所等中介机构进行多次深入对接，但因公司净资产仅为 11.76 亿元，达不到中介机构提出的主体评级 AA 级需满足的净资产规模 30 亿元的条件，故无法进行发债融资。区经开投，公司总资产为 43.97 亿元，但有效资产较少，主要账面资产为承建的还建楼，结算完工后需交付经开区用

于分配给拆迁户，将直接冲减资产的账面余额。区生态集团面临同类问题，目前公司资产总额为 67.93 亿元，但公司的无形资产主要以水域滩涂使用权为主，该部分资产变现困难。有效资产少之又少，对后期的融资和发债造成一定影响。

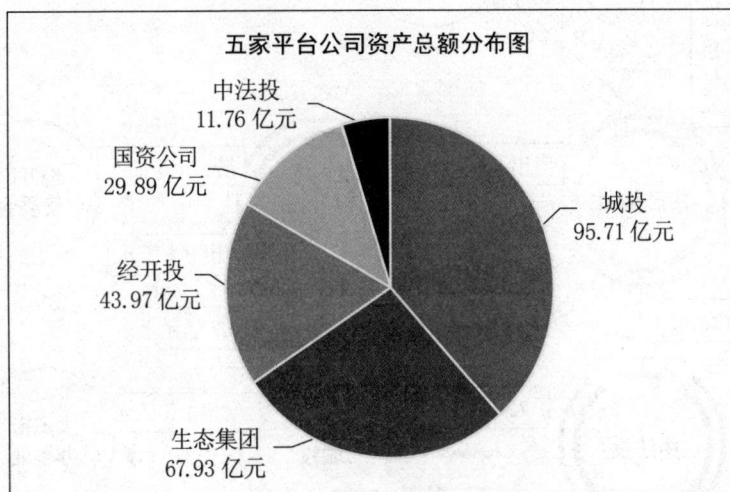

五家平台公司资产总额分布图

中法投 11.76 亿元
国资公司 29.89 亿元
经开投 43.97 亿元
生态集团 67.93 亿元
城投 95.71 亿元

（四）注册资本不足导致资产萎缩严重

五家平台公司中，存在两家平台公司注册资本不足的情况，一是国资公司，在报批后用公司注册资本 1.895 亿元分别收购中法武汉生态示范城投资开发公司和凤凰山建设开发有限公司名下资产；二是生态集团注册资本中部分资本为土地增资，因国有土地剥离后，涉及注册资本的相关土地证注销，导致 3.5 亿元注册资本存在空缺。注册资本金的严重不足导致资产萎缩严重，对公司的业务量和业务规模、后期的融资、资产经营及长远发展都有较大影响。

（五）三角债务问题直接影响公司运营效率

调研发现，在区政府的统筹协调下，各平台公司间、平台公司与政府职能部门间存在着多重三角债务关系，且借款金额大、期限长，回款率低。据初步统计，各平台公司间或与职能部门间债务总额为 22.85 亿元。如下图所示：

平台公司债务关系图

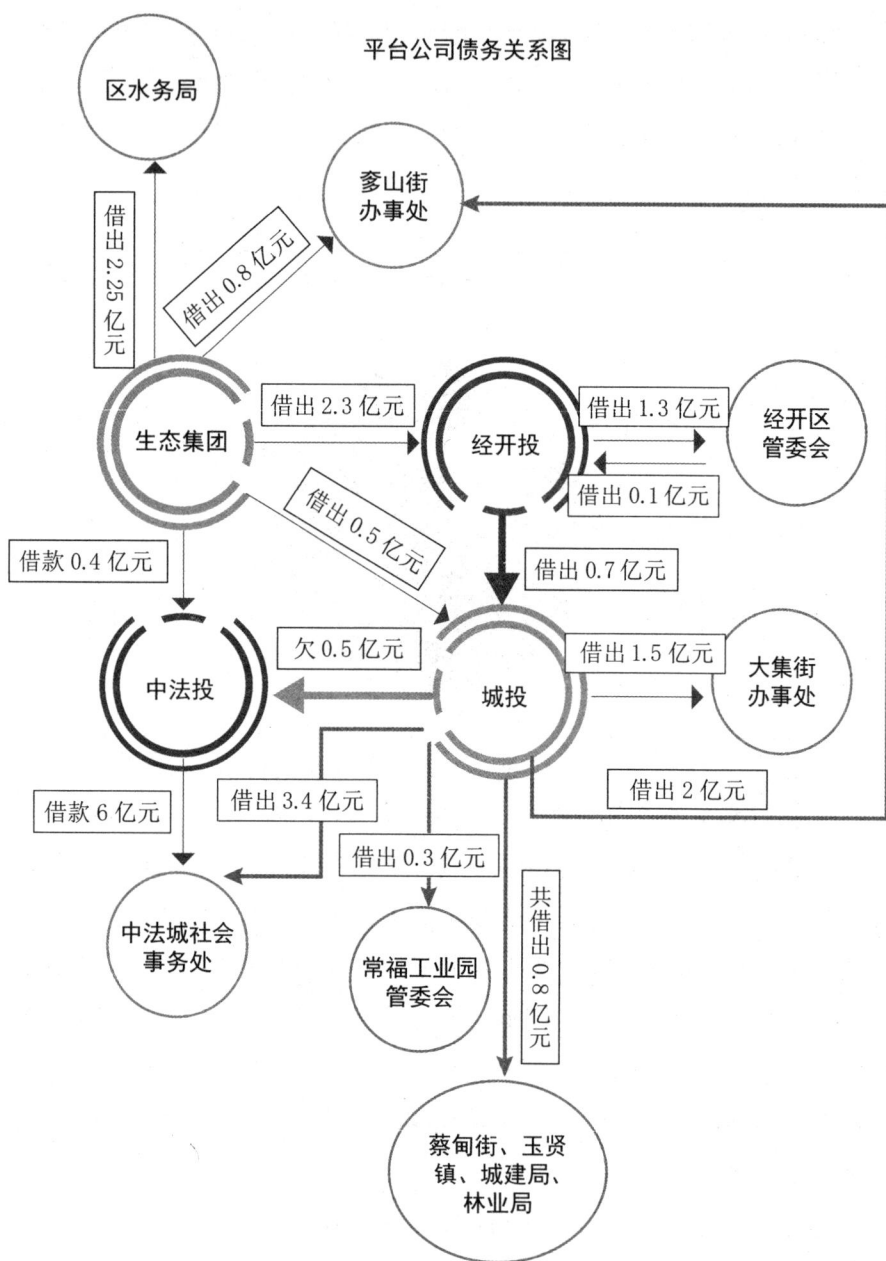

区水务局

爹山街办事处

借出 2.25 亿元

借出 0.8 亿元

生态集团

借出 2.3 亿元

经开投

借出 1.3 亿元

经开区管委会

借出 0.1 亿元

借款 0.4 亿元

借出 0.5 亿元

借出 0.7 亿元

中法投

欠 0.5 亿元

城投

借出 1.5 亿元

大集街办事处

借款 6 亿元

借出 3.4 亿元

借出 2 亿元

借出 0.3 亿元

共借出 0.8 亿元

中法城社会事务处

常福工业园管委会

蔡甸街、玉贤镇、城建局、林业局

这些金额较大、期限较长的债务，直接影响了各平台公司的其他应收款回款率，对每年续签借款协议和应对金融机构的贷后检查有较大影响，同时其他应收款占流动资产的比重较高，给公司带来较大的资金占

用和回收风险。从券商发债角度来看，公司无法按计划收回应收账款及其他应收款，会直接影响公司的运营效率和偿债能力，最终对债券融资造成阻滞。

（六）缺乏经营性项目，现金流匮乏

目前，五家平台公司主要以财政资金为支持，以承担政府投资的公益性项目为主，基本没有自营业务，收益主要依靠门面租金收入，大部分公司年度经营性收入在 300 万—500 万元，仅能维持公司正常运营。现金流的缺乏和利润的微薄直接影响金融机构对公司整体的经营能力和偿债能力的判断。且受金融政策影响，资金投放项目范围受限，金融机构无法对无收益性项目提供贷款。例如中法投的四个还建社区项目、启动区路网、中东部路网及其他公益性道路等项目几乎无收益，寻找贷款十分艰难。

二、发展路径的思考

（一）亟待解决的问题建议

一是补足注册资本金。建议区政府酌情以实物或者货币形式补充资本金，填补部门平台公司注册资本金缺口部分。

二是调剂资金梳理债务。建议对各平台公司之间的债务关系进行梳理，从财政预算资金中调剂相应资金，在债务关系网中进行债务归还的流转，以提高各平台公司其他应收款的回收率，增加账面资金。

三是加快市场化运作。建议督促相关职能部门加快推进区城投石洋污水处理厂市场化运营，提升企业赢利能力。

四是落实关于资产划拨的会议精神。蔡甸区委常委会第五届第一百零五次会议［2015］2 号会议纪要中提到，将所属城投公司的部分资产和地块划拨给中法投作为新公司的注册资本。此事项至今未落实兑现。建议区政府再行商榷，给予答复。

五是充实经营性项目。以中法城范围为例，建议增加可持续发展的有收益的经营性项目或半公益自营性收益的项目，以解决资产和现金流不足的问题。

六是建信基金分期偿还问题。建议督促区财政尽快合理调度资金，用于按期偿还建信信托 15 亿元资金。

七是盘活产业发展引导基金。根据国资公司提供的情况，建议通过产业投资基金作为融资媒介，成立基金，寻找其他合作伙伴，吸引社会资本以股权形式介入项目公司，参与基建类项目的建设和运营，为我区招商引资、壮大经济发展助力。目前国资公司已与省国资委下属一级投资平台——高新产业投资集团有限公司进行对接，着力引进新能源项目。

（二）关于平台公司发展的几点思考

思考一：如何理清地方政府与地方融资平台的关系

融资平台转型的基本方向是提升自身运营能力，进行市场化运作，但这并不意味着地方融资平台与地方政府完全划清关系。一直以来，地方融资平台承担政府融资职能，政府也赋予了地方融资平台优质的资源。若划清与地方政府的关系，很多缺乏足够运营能力的平台公司靠自己的独立运作很难持续经营下去。原有投融资平台的最大问题在于其本身的资产与收益能力，依赖于地方政府可为其提供增信措施或隐性担保，提高资信等级。

因此，融资平台的转型不能是完全脱离地方政府独立运作，而是融资平台要在法律政策允许的范围内，充分利用并盘活政府所能提供的资源，深化产业升级，深化公共服务及基础设施的品质，继续服务于地方经济发展；而政府也仍然需要在政策范围内，利用好平台公司，以服务于当地社会经济可持续发展。

思考二：如何创新地方融资平台的融资模式

融资平台融资模式创新，依赖于其自身信用体系的建立。自身信用体系的建立需要改变平台公司依赖政府财政资金兜底的状况，建立自身造血功能。因此地方融资平台融资模式的创新与融资平台运营能力的提升是不可分的。融资平台在有一定的运营能力和稳定的投资收入后，可

以尝试一些创新型的融资模式，比如通过资产证券化、PPP、受托经营、代建等方式来拓宽融资来源，缓解资金的压力。

思考三：如何提高融资平台的运营能力

运营能力的提升需要可产生现金流的资产、充实的资本金、项目资源和可供投资的资金。而获得这些资源和资产离不开政府的支持。正如前面提到的，急需转型的地方融资平台需要地方政府的支持，并且把这种支持转化为地方经济发展的驱动力。

思考四：如何剥离融资平台的存量债务

蔡甸区 2021 年 7 月出台的《关于防范化解政府隐形债务的实施方案》中明确提出按照"锁定旧债、明确责任、分类处理、逐步化解"的总体要求，将年度待偿债务分类纳入一般预算和基金预算管理，编制偿债计划，分 10 年全面清理和化解；积极申报置换和新增债券额度，缓解到期偿债压力，降低债务成本，转化债务，降低风险。将有收益的公益性项目收入纳入财政监管，用于偿还政府性债务。加强与上级财政部门的沟通，积极申报再融资债券；加强与金融机构的沟通，积极尝试主权信用融资、平滑基金等合法合规的新型融资方式，化解、置换存量债务；严守违法违规融资担保和变相举债两条红线不能踩，管控和新增项目融资的金融"闸门"。

（三）关于平台公司发展的可行性路径

当前政府平台公司融资面临的是新形势，要基于平台转型进行融资创新，需要"整体统筹规划""单点创新突破"，实现信用、资产、项目上的重构，推动企业融资和项目融资双平台运作。

信用建造

在新形势下政府平台公司不能直接对接政府信用，需要依托政府间接的信用支持，有效整合外部优质信用，并强化自身市场化公司信用，以此提升可持续融资能力。政府平台公司可以从三个方面来做好信用建造：

一是利用好政府间接信用。政府平台公司需要持续争取地方政府在资本金、城市经营性资产、重点资源及项目上的支持，建立地方政府股东与平台公司市场化的战略支持、业务孵化运作机制。二是整合外部优质信用。政府平台公司可积极引入央企、大型国企、省级平台公司等优质信用主体，通过设立基金、成立合资公司等形式进行合作，提升整体信用等级，这种做法有利于获得大规模、低成本融资。三是强化平台自身信用。在整合利用外部信用的同时，政府平台公司应加强对优质资源和经营性资产的整合，提升运营能力，实现业务盈利。通过平台公司自身良好的业务盈利及现金偿还能力，实现自身融资的可持续性。

资产构建

在新形势下，简单、粗放的资产注入已不可持续，无法提升融资能力，甚至会带来合规风险。平台公司需要做好整体性的资产构建，以业务战略为目标，推动资产及业务整合、重组，做实、做强资产，提升公司赢利能力和融资能力。平台公司可以从以下两方面构建资产：一是对政府经营性资产的整合重组。推动区政府将优质经营资产注入平台公司。这就需要对自身的资产进行梳理、清查，并根据平台公司发展战略及业务板块构造，通过股权划转、政府划拨、出让出售等方式注入资产，扩大平台公司资产规模和经营实力。二是对公益性资产进行剥离或以 PPP 模式运作。政府平台公司需要根据新形势，对公益性资产进行剥离，并换取政府方的资本金注入；还可以将公益性资产与经营性资产进行捆绑运作，通过 PPP 模式实现存量资产的盘活，引入优质合作伙伴，提升经营水平和赢利能力。

项目开拓

新形势下要保障政府平台公司的可持续融资及业务板块构建，就需要多渠道获取优质项目，实现投资项目多元化。在项目开拓上主要有三个方面：一是提供代建及项目管理服务。平台公司可以利用在基础设施建设过程中所形成的包括工程管理和资金管理在内的各种专用团队，为基础设施建设提供工程代建、工程项目管理等服务，成为城市基础设施建设和管理的咨询服务类企业。二是承接 PPP 及其他项目的运营工作。平台公司原本的任务就是为城市基础设施的建设融资，对于城市基础设

施较为熟悉，所以可转型为功能性城市运营管理企业。它的主要任务是提供相关的公共服务，以满足民众需求和社会福祉；进入社会资本不愿意进入或无力进入的可竞争性较差的领域，提供有偿服务或由政府购买服务。三是引领企业引导地方特色产业。通过股权投资扶持方式来优化产业发展与创新，由融资平台转为政府投资平台，充分发挥政府资金的引导和放大效应，发挥市场在资源配置中的决定性作用，促进投资机构和社会资本进入地区产业投资领域，推动地区创业创新和产业升级，帮助小微企业快速成长。或进行产业园区开发，片区开发，特色小镇建设，协助政府开展招商引资，推动地方产业发展，从而有利于平台公司自身可持续发展。

企业融资

在新形势下政府平台公司融资要着力构建期限结构匹配的债务融资，并推动股权融资的发展。发展期限、结构相匹配的债务融资就是要建立与城市项目投资期限相匹配的融资工具，包括企业债券、公司债券、永续债等，降低流动性贷款、短融等债务工具的使用。（该部分的内容由蔡甸区政府提供）

武汉蔡甸区国资倍增行动座谈会收获

2021年元月22日下午，蔡甸召开金融工程升级行动专题工作会议，专门讨论国资企业倍增事宜。会议由区政府金融办主持，蔡甸五个国资平台公司的主要负责人参加。

这次会议的效果不错。各平台公司事先按照我们的要求准备了发言材料。各平台公司的主要负责人进行了认真的讨论和发言，并对下一步的需求提出了许多具体建议。

我觉得这次会议有如下几个亮点：

1. 各平台公司都认为2021年实现公司的资产倍增计划没有任何问题；

2. 国资公司认为不仅可以实现本公司的资产倍增，而且可以通过基金业务和担保业务，帮助其他国资平台实现倍增；

3. 生态集团公司提出了可将水面资源和森林资源实行资产化的构想。一旦该构想实现，即可为实现国资公司的资产规模倍增找到一个重大的突破口；

4. 生态集团公司还提到了陵园墓地资源的资产化，那是一笔很大的优质资源，可以在资产倍增中起到十分重要的示范作用；

5. 园区企业混改将会推动国资企业倍增计划的发展。

这些会议大大提高了我们对于实现蔡甸区资产倍增行动计划的信心。

会议要求各平台公司负责人散会后尽快制定本企业的资产倍增行动方案，并且准备召开各个国企的资产倍增方案专题工作讨论会。

　　坚冰已经突破，航道已经开通。我们在这里看到了国企资产倍增行动的曙光！

2021 年 1 月 22 日于珞珈山

经开投公司汇报材料

一、公司基本情况

武汉蔡甸经济开发区投资集团有限公司成立于 2011 年 4 月，注册资本 1.6 亿元。公司前身为武汉蔡甸建设开发有限公司，2016 年 4 月并入蔡甸经济开发区、奓山街后，主要承担经开区内还建房、道路、园区场平等公益设施的建设和国有资产的运营管理。

集团公司"一室七部"，下设 5 家子公司，在职干部职工 109 人（集团公司总部 60 人，子公司 49 人），其中高管 7 人（区管干部），研究生学历 1 人，本科学历 37 人，大专学历 40 人，持有职称的 30 人。

二、公司主营业务

公司现拥有 5 家子公司，总资产 79 亿元，经营性资产收益主要为商铺门面租赁收入和工业园区厂房租赁收入，2021 年已收租金 2000 余万元。2020 年，经开投公司续建、新建项目共 64 个，主要是还建房、园区场平、道路建设、雨污管网改造等，总投资突破 200 亿元。其中 2020 年完成项目总投资 19 亿元，各建设项目有序推进，2022 年可以圆满完成各项目标。

三、除现有主营业务外，"十四五"期间将要发展的主要方向及新的产业方向

"十四五"期间，公司将适应形势发展需要，从三个方面着力探索公司开发建设新模式：

（一）加快转变建设模式。加强与经开区、参山街的沟通衔接，明晰建设权责，对经开区管委会移交的建设项目采取代建方式，签订代建协议，按项目总投资的一定比例结算代建费，以增加公司收益；对新建的还建房项目，积极争取政府专项债，由于额度有限，需区政府协调上报，以确保还建房项目顺利推进。

（二）推进开发资质升级。开展战略合作经营。引进具有一级建筑、市政总承包资质的企业参与公司项目建设，以参股、合营、收购等形式合作，促进公司形成市场主体功能，通过战略合作实现资源互补和快速发展。

（三）优化公司资产结构。一是增加净资产规模，积极争取区政府支持，增加公司注册资本金及注入优质资产。二是盘活现有资源资产，加大对公司名下商铺、厂房的对外招商和综合利用，实现资产的保值增值，增加公司自我发展的"造血功能"。

四、资金需求以及投融资情况

（一）公司历年融资情况

公司自成立以来，共融资金 38.35 亿元，累计已还 10.5 亿元，当前贷款余额为 27.83 亿元。

（二）当年融资及资金需求情况

2020 年，公司偿还贷款本息共约 5.61 亿元，债务置换约 3.78 亿元，积极与农发行、建设银行、光大银行等 9 家融资机构对接，2020 年共融资到账 13.63 亿元，保证了项目建设资金的正常运转。2021 年参山四期 B 区、福兴四期、龙王五期三个还建房项目启动建设，总投资 60 多亿元，且当年还本付息需要 5 亿余元。公司融资能力有限，而到期贷款本息资金及建设资金区财政一直没有安排，导致 2021 年公司资金缺口非常大。

五、存在的问题和困难

（一）资金（融资）方面现状以及存在的问题

1. 由于国家融资政策收紧，公司无法再采取以往的融资贷款方式（政府购买服务方式）进行融资。在客观的金融市场环境下，国家政策对银行以及非银行金融机构的业务作出了一系列政策限制的规定，直接导致融资难度加大。

2. 从公司自身情况来看，底子薄弱、造血能力较差，直接影响了融资工作的推进。具体表现在：目前，公司收入来源仅为商铺、子公司厂房租赁收入，十分有限，且所有项目均为公益性项目，无收入来源，而收入还款来源是金融机构风控部门审核的首要前提，导致融资工作困难。

3. 区内两家ＡＡ级公司因发债原因也表示不能再提供担保。

4. 公司建设项目多，资金压力大，同时原贷款的还本付息资金需求也很大。目前区财政基本无资金支持，主要依靠借新贷款维持运转，但目前借新贷款已很艰难，2021 年项目建设资金形势非常严峻，且银行债务风险已初步显现。

（二）建设方面现状以及存在的问题

1. 项目建设前期手续办理不畅。近年来，由于区内项目建设用地指标不足，土地规划、城市规划与开发区实际情况存在脱节的现象，造成了符合规划的地用不了，不符合规划的地必须先动的被动局面。

2. 征地拆征难度大，影响项目推进。

六、对蔡甸经开区经济、金融发展的建议

1. 明确政府与平台公司的债务责任归属。以政府为主体的建设项目由政府与公司签订委托代建协议，明确建设资金来源和代建管理费。

2. 区内同性质平台公司整合，扩大规模，做大做强公司实力，增强抗风险能力。

七、资产倍增行动的相关问题讨论

1. 2020 年，经过清理，经开区、奓山街已将辖区内三个优质公司（自来水公司、小城镇发展公司、经济发展公司）划与公司，资产已增 20 余亿元。

2. 2021 年申请经开区管委会将园区道路等资产划入公司。

3. 申请区政府将区内有关优质资产划入公司。

4. 请求区政府支持公司获取经开区、奓山街内工业地块，开发建设工业园区。

5. 与央企成立合资公司，开展经营活动，增加经营收入。

2021 年 1 月 21 日

关于中法投公司调研工作的情况汇报

各位领导、各位专家：

　　根据调研方案的具体要求，现将中法投公司的相关情况做如下汇报：

一、中法投公司主营业务及基本情况

　　中法投公司成立于 2015 年 1 月 28 日，主营业务包括承接中法生态城范围内的土地整理储备、基础设施建设、生态环境治理和公用项目投资、运营和维护，以及房地产开发、投资咨询、物业管理等。公司注册资本金为 31 亿元。截至 2020 年底，公司总资产为 59.88 亿元，净资产为 13.47 亿元，资产负债率 85.8%。

二、"十四五"期间的主要发展方向及新的产业方向

（一）主要发展方向

　　根据规划，中法生态城要在"十四五"期间基本建成，因此，在此期间，中法投公司仍将聚焦于生态城的建设目标不放松，奋力拼搏，力争如期、高效地完成生态城的建设任务。

（二）新的产业方向

中法投公司也在未雨绸缪，提前谋划公司将来的发展布局，努力探索公司可持续健康发展的新路径，目前考虑了四个大的方向：

一是绿色环保供能领域。为提高生态城能源总体利用率，降低污染水平，改善空气质量，提升区域形象，中法投公司与法电（中国）投资有限公司出资成立合资公司，共同开发运营区域内供能市场，通过为居民、企事业单位提供清洁、安全、高效的冷热能源，促进生态城的可持续发展。

二是工程咨询领域。中法投公司拟与湖北永业行评估咨询有限公司成立合资公司，进入工程咨询领域。主要考量有以下几点：一是中法投公司作为平台公司，有自身的资源优势；二是目前处于生态城建设的大发展时期，工程咨询业务量大；三是中法投公司本身也必须求发展，求盈利；四是湖北永业行是国内大型综合性评估咨询机构，实力较强，能充分发挥其专业咨询领域的优势。

三是现代服务领域。主要包括会议会展服务和广告投放业务。中法武汉生态示范城运营管理有限公司为中法投公司下属子公司，目前负责运营永久会址二区会议中心，主要业务是承接区内各行政事业单位的会务服务。随着生态城将来建成后，大量单位的入驻，会议会展服务量也必将大大提升。会议中心作为生态城对外展示的窗口和名片，也必将是高规格会议会展需求的首选，同时也可作为对外广告宣传的优质途径。

四是房地产与物业领域。随着生态城建设的不断推进，区域内房地产业也必将迎来大的发展，物业管理市场也将随之扩大。目前，中法投公司下属的物业公司承接了较多的老还建小区的物业管理，由于种种客观原因，基本无盈利。下一步，物业管理不能停留在现在的水平和模式上，必须对外开拓市场，通过市场化逐步形成盈利。

三、资金需求及投融资情况

融资方面。2020 年公司承接工程项目 43 个，总投资约 232 亿元，已取得各类融资 105.41 亿元，融资较难的项目主要有还建社区、市政道路等。就 2020 年而言，虽然取得了专项债和银行贷款的一定支持，但是相较于年度投资计划，资金仍有较大缺口。随着工程建设的推进，2021—2022 年各项目计划投资金额将继续累加，资金缺口将日益增大。

投资方面。公司于 2018 年与法电能源合作，认缴 1400 万元入股法电能源管理（武汉）有限公司，持股 35%，目前合资公司已开始正式运营；2020 年与永业行集团签订合资协议，共同成立永业行中法城项目管理（武汉）有限公司，公司认缴 49 万元，持股 49%，目前已完成工商注册，即将正式运营。

四、目前的主要困难和问题

（一）资产不足，对融资形成较大制约

公开发行企业债是直接融资的重要手段，也是一个平台公司良好发展的重要标志。2018 年以来，我公司已与长江证券、海通证券、大华会计师事务所等中介机构积极探讨和推进公司发债事宜，但始终因资产规模原因未能成功。中介机构提出要达到主体评级 AA 需满足净资产规模 30 亿元的条件。截至 2020 年 9 月底，公司净资产仅为 13.32 亿元，离目标规模还差近 17 亿元。按照区委常委会、管委会专题会议纪要精神及国资局相关划拨文件，公司应接收划拨的资产项目有 13 处，但截至目前，由于不同原因，大部分资产过户手续未有实质性突破进展，可能导致部分厂房等资产面临拆迁处置情况。公司亟须充实资产，再通过评估做大资产基数。

（二）缺乏经营性项目，自我造血能力不足

目前公司有收益性项目偏少，公司自身现金流缺乏，这将影响金融机构对公司整体的经营能力和偿债能力的判断。另外，受金融政策影响，资金投放项目范围受限，金融机构无法对无收益性项目提供贷款。公司中部路网、新天北路及其他公益性道路等项目均无收益，寻找贷款资金十分艰难。

（三）专业性和综合型人才较为缺乏

中法城正以日新月异的速度大开发大建设，引资是一方面，而更重要的是引智。大踏步式的发展急需公司各部门都有专业领域的人才和"一专多能"的综合型人才，急需深入了解行业知识、经验丰富的人才以支撑公司的可持续发展。

五、对蔡甸区经济、金融发展的建议

1.建议在统筹区域内项目时，酌情安排我公司承接带有经营性质的项目，给公司划拨有收益的资产，补充经营性现金流。协调区内相关单位对公司有限的经营性项目予以大力支持，提升公司独立造血和可持续经营的能力。

2.公司亟须注入经营性资产，建议协调区内相关单位，加快解决资产过户难题，调配区域内其他资产至公司，顺利实现做大做实公司资产，取得 A 或 AA 以上评级等级，进一步拓宽融资渠道。

3.建议鼓励公司多元化经营，公司以内部培养和从外部引入兼顾的模式，在实际业务工作中培养专业人才和综合型人才。支持公司与实力强大的企业合作。借助其人才优势和专业实力为公司人才的培养引入先进的模式并提供强大的动力。

六、资产倍增行动讨论

2018 年，我公司完成固定资产总投资 11.22 亿元。2019 年，随着中法城控规的发布，中法城的建设进入快车道，当年完成固定资产投资 44.2 亿元，比上年增长 4 倍。2020 年，虽然受疫情影响，投资略有下滑，但我公司仍完成了固定资产投资 39.45 亿元。2021 年是"十四五"的开局之年，我公司计划完成投资 65 亿元，比上年增长 65%，全力推进中法城又好又快发展。

中法武汉生态示范城投资开发有限公司

2021 年 1 月 22 日

蔡甸城投集团调研座谈汇报提纲

根据调研座谈安排，现将蔡甸城投集团的相关情况汇报如下：

一、集团基本情况

蔡甸城投集团成立于 2004 年 9 月，企业注册资本 15 亿元，资产规模 137.86 亿元。公司经营范围包括城市基础设施、公共事业基础产业建设投资、土地一级开发和土地整理、项目投资、委托贷款、物业管理、房地产开发等，目前主营业务涉及市政建设、资产运营、地产物业、环境科技、酒店餐饮等方面。

集团公司内设综合行政部、财务融资部、审计监察部、经营发展部等四个部门，下属项目管理公司、建设公司、环境技术公司、房地产发展公司、知音莲花湖酒店、科诚建筑检测公司、智能交通公司、津科物业管理公司等八家子公司。

近几年，集团公司资产总量由 127.1 亿元提高到 131.4 亿元，年经营收入由 2016 年的 1476 万元增加到 2020 年的 3.7 亿元，先后完成市、区 60 余个重大工程项目的投资建设，累计完成固定资产投资近 95 亿元，通过加强银企合作，多渠道融资到账资金近 60 亿元。

二、主营业务情况

（一）市政房建项目方面。近年来，集团公司主营业务以承接政府投资建设的项目为主，依托建设公司、项目管理公司，加强与大型央企、国企合作，先后完成嵩阳大道、琴川公路、永桐公路、成功大道、西环线等重要市政道路以及同济医院中法新城院区、市十运会比赛场馆、区人民医院一期续建、蔡甸污水处理厂二期改扩建、大集老集镇及南湖片区雨污分流等民生项目的建设，正在加快推进惠丰苑二期、小集五期、运铎社区等还建房项目建设。2021年拟实施政府投资项目27个，计划完成固定资产投资17.8亿元。

（二）房地产开发方面。2018年底，集团成立房地产发展公司，并在区政府的支持下开发建设"汉津阳光城"房地产项目。项目位于蔡甸经济开发区（李山街），一期项目已于2020年8月开盘，受疫情以及周边楼盘销售等影响，目前整体去化率在60%左右，去年完成销售额2.4亿元；二期项目拟于2021年7月开盘。同时24号地块也正在抓紧项目策划，拟与大型成熟开发企业采取合作开发模式，计划7月开工。

（三）环境（环保）科技方面．下属城投环境技术公司负责蔡甸城关污水处理厂的运营，2020年6月改变财政报账制，通过招投标实现污水处理、污水管网运维市场化经营。在区政府的大力支持下积极开拓迹地治理、弃土消纳、砂石管理等业务，推进烈马山、龙家山、高官山整治修复项目管理，保障区内重点工程石料供应，2020年实现产值2700余万元。

（四）酒店餐饮方面。下属知音莲花湖酒店为挂牌四星级酒店，酒店成立时间较长，环境及设施设备相对老化，近两年通过主楼立面改造、客房内部修缮、功能布局调整等方式对接市场需求，加强餐饮后厨创新管理，有效提升酒店环境和接待服务能力，全年完成营收1500万元。

（五）智能交通、工程检测、物业管理方面。依托智能交通公司全面推进全区充电桩布局、建设、运营以及停车楼（场）规划建设工作，累计完成10个集中式充电站、848个停车泊位和2个立体停车库建设，2020年10月接收蔡甸广场地下停车场运营管理工作。下属科诚检测公司积极参与市场竞争，与武汉轻工、神龙工程等检测机构建立合作伙伴关系，扩展工程质量检测业务范围。城投津科物业公司2020年11月完成注册，目前逐步完善公司组织架构和工作制度，积极对接企事业单位承接物业服务业务。

三、资金需求及投融资情况

城投集团发展资金主要来源于财政拨款和对外融资。2020年，公司通过农村发展银行、汉口银行、招商银行、武汉农商行、中信银行和财政局等通道，通过还建房项目贷款、存量债务置换、发行中票、地方政府专项债等形式筹措资金，共筹措资金20.8亿元，有效地缓解了项目建设资金压力。2021年还本付息预计需要资金5.8亿元，全年融资至少达到20亿元，才能基本满足公司项目建设发展需要。

四、发展存在的主要问题和困难

（一）资产结构不合理。一是资产规模偏小。目前集团公司总资产不到150亿元，与其他县区级城投公司资产相比差距较大，不利于公司调整国有资本布局和结构、增强国有资本控制力，也不利于展开对外合作和对外融资。二是经营性资产不足，除少量资产对外招租外，其他资产利用率低下，无法变现，流动性不足。规模相对较大的资产里，除光华学校于2020年底完成挂牌转让外，其他的暂无法实现国有资产收益。

（二）市场化程度较低。城投长期以来以承担政府性融资任务为主，业务开展主要围绕公益性项目的投资建设。政府投资项目基本上都是采取报账制或代建制，无法衡量企业的经营水平和赢利能力，难以调动企业抢抓市场的积极性和创造性。近两年集团公司推进转型发展，尝试探索走市场化经营发展道路，但起步较晚，经验缺乏，市场化竞争力还不强。

（三）资金需求压力大。2017年以来，国家陆续出台了系列融资平台管控政策，对城投公司传统的融资渠道和融资模式进一步提出了新的要求，融资渠道日渐缩窄。集团公司既要还旧债，又要保障在建项目顺利建设，还要谋求新项目新业务发展，未来几年还本付息需求近40亿元，资金需求压力很大。

（四）专业化人才短缺。市场化选聘制度难以落实，受上级政策、薪酬水平等因素约束，对高层次的金融、管理、资本运作人才吸引力不足，导致人才引进难、留住人才难。

五、未来发展规划

1.企业集团化。按照"集团运作、分层管理"的思路，实现真正的集团化，由集团公司发挥战略管理、资金管控、投融资决策等职能，各子公司专注"专业化发展、市场化经营"，形成1+N集团化发展格局。

2.经营市场化。借鉴其他城投公司的经验，坚持走"市场化发展"的道路，实现从政府融资平台公司向城市综合运营服务商的转变，既要担当国有企业的社会责任，也要追求企业生存的经济目标，构建兼顾社会效益与市场效益的的经营模式。

3.业务多元化。紧密结合蔡甸经济、社会、民生发展所需，在巩固市政建设、地产开发等业务的基础上，积极拓展城市停车泊位管理、固态废料（建筑）垃圾处理、再生资源利用、砂石料加工、加油（氢）站经营等业务，实现多元化经营，形成新的现金流和利润增长点。

蔡甸城投集团

2021年1月22日

蔡甸区国资公司汇报材料

区国资公司成立四年来，在区委、区政府的正确领导下，在区国资局及相关职能部门的大力支持下，紧紧围绕全区经济社会发展大局，坚持规范、理顺、探索、突破的总体思路，以资产经营为中心，以安全生产为保证，以规范管理为手段，聚焦主责主业，努力做好盘资产、融资金、稳人员等各项重点工作，较好地完成了区委、区政府安排的各项工作任务。现将有关情况汇报如下：

一、公司基本情况

区国资公司是由区人民政府出资设立的国有独资公司，于 2015 年 4 月 15 日正式挂牌成立，注册资金 4.06 亿元。公司经营范围：主要从事授权范围内国有资产经营和资本运作、盘活企业存量资产及有助于实现国有资产保值增值目标的相关业务，兼营投融资、资产租赁、公共设施项目的营销 7 道策划，各类建设工程项目的投资服务等。公司现有在职人员 46 人，其中高管 6 人，公司退休人员 86 人。公司设立两家子公司（蔡甸区国资新创投股份投资基金管理有限公司、国友资产租赁经营有限公司），内设六个部室（办公室、资产经营部、基金债券部、人力资源部、财务部、非优资产管理办公室）。公司资产总计 29.01 亿元，其中流动资产 28.69 亿元，固定资产净值 3194.46 万元，负债总计 25.34 亿元，资产负债率 87.33％。区政府所授权经营管理的资产共计 64 处，主要是国企改革整合的遗留资产和划拨的乡镇棉花站资产，其中已获得产权并上账的资产 14 处，因历史原因未取得产权的资产 50 处；2020 年接收 11 家行政事业单位可经营性资产 61 处。

公司成立以来，经营性收入累计达到 3832.46 万元，其中国有资产的租赁收入 856.15 万元，配合区重点项目和基础设施建设拆迁补偿收入 1689.83 万元，建信基金投资收益 668.5 万元，东创担保股金分红收益 617.98 万元。按照区政府的统筹安排，先后向建行、国开行、农发行、中行等金融机构融取资金共计 29.16 亿元，全部用于区内经济建设。

二、2020 年主营业务开展情况

（一）资产经营

1. 公司原持有资产 64 处，采取公开招租、与第三方资产运营企业合作、自主招商等方式，修改完善国有资产租赁管理办法及"一资一策"经营管理办法，提高了国有资产使用率和经济效益，2020 年资产租赁收入 278.74 万元。

2. 目前接收授权 11 家行政事业单位经营性资产 61 处，2020 年资产租赁收入 11.5 万元。

（二）融投资

1. 协助化解政府债务 1.81 亿元。

2. 发挥应急资金平台作用，为疫后小微企业复产复工提供应急资金，帮扶区内符合条件的企业解决资金周转难的题。2020 年为中小微企业发放应急资金 1100 万元。

3. 配合完成区引导基金子基金。与中信资产对接，完成高技术产业投资基金合伙人转让，推动区内科技型中小企业的创业和技术创新。

三、当前存在的主要问题

近年来，公司虽然在盘资产、融资金、稳人员等方面做了些工作，也取得了一定成绩，但当前依然面临着一些制约着公司发展的具体问题。

（一）资产土地变性障碍。区政府授权国资公司所经营的资产均是原国有企业改革改制遗留的一些老旧资产。其中棉花站资产分布在街乡镇，现已普遍成为危房，残值低廉，且土地性质均为划拨用地。此类资产共有 10 处，土地面积 109353.80 平方米，建筑面积 20571.96 平方米。历年来我们与相关部门沟通协调，因政策法规和城市规划原因造成棉花站土地性质由划拨变更为出让的手续复杂，资产处置过户手续办理受阻，导致公司将资产盘活和运用等经营策略不能实施。恳请区政府协调自然资源规划等相关部门共同努力，办理相关国有资产由划拨变为出让的土地变性手续，推进国有资产的有效经营。

（二）经营资产质劣量小。区国资公司自成立以来，授权经营的资产共 64 处。历年来为支持我区基础设施建设，已征收拆迁处置了部分资产。2017 年区委区政府将我公司用资本金 1.895 亿元购买的凤凰山泰佛工业园、34 套同济专家别墅等优质资产无偿划转给中法投公司，致使我公司总资产缩水。公司现只有乡镇棉花站和原"四家公司"改制遗留资产 64 处，资产规模小，质量差，大多数资产因原企业融资抵押给了金融部门，部分资产没有办理土地证、房产证，产权关系复杂，历史遗留问题多，矛盾突出，国有资产有效经营与保值增值面临诸多挑战。2020 年按区委区政府安部署，我公司共接收 11 家区行政事业单位可经营性资产 61 处，但部分资产存在历史遗留问题，给资产公开招租带来一定的局限性。

四、主营业务发展方向

（一）努力提高资产经营效益。具体来讲就是做好减法和加法。减法就是针对公司无效闲置资产管理难、巡查难、使用效率不高的实际情况，积极争取国土规划部门的支持，有计划地推进资产处置工作。加法就是利用资产处置资金和公司经营收益面向市场投资购置优质资产，改善资产运营结构，做大资产运营规模，增加公司账面现金流，改善公司经营状况。加快对行政事业单位可经营性资产的接收，做大公司可经营性资产总量，将分散的资源集中变成规模资产，开展资本运作，助推我公司国资经营业务发展，最终实现资源变为资产、资产变为资本、资本变为资金的目标。

（二）发挥小微企业融资应急资金管理平台作用。我公司作为指定的应急资金管理平台，负责资金运行的日常管理工作。我们制定了应急资金管理办法，完善了内部实施操作细则，建立相关管理制度，对应急资金的实施操作进行全程跟踪管理以便及时掌握资金需求和企业风险变化情况，积极为区内小微企业独资提供资金支持，助推我区经济社会稳定发展。

（三）成立运行区级融资担保公司。此公司经批准成立后，积极主动地为蔡甸区内中小微企业、个体工商户、"三农"主体提供融资担保服务。

（四）进一步发挥引导基金的杠杆放大效应，科学决策，扶持区内新兴技术企业。

2021 年 1 月 21 日

蔡甸区生态集团
2020 年度融资情况汇报

　　区生态集团作为区属国有企业，以融资平台建设、工程项目建设、国有资产经营和旅游资源整合开发为重点，2020 年承担着永安集镇和九真景区生活污水处理二期、七个集镇污水处理、嵩阳大道绿化等重点工程项目建设。现将区生态集团 2020 年融资情况汇报如下：

一、融资基本情况

（一）2020 年贷款资金到位情况

　　2020 年区生态集团在开展疫情防控工作的同时，一直与多家银行及金融机构沟通协作，按照公司资金需求统筹推进融资业务。截至 2020 年 12 月 30 日，生态集团贷款余额 27.75 亿元，其中 2020 年新增贷款金额 14.25 亿元，包括中信银行武汉分行流动资金贷款 1.5 亿元、长江证券非公开公司债 4.5 亿元，中行汉阳支行城乡供水一体化项目贷款 1.75 亿元，农行蔡甸支行债权融资计划 0.8 亿元，汉口银行蔡甸支行流动资金贷款 0.3 亿元，七个集镇污水处理项目专项债 1.8 亿元，银河证券疫情防控债 3.6 亿元。

（二）还本付息

疫情期间考虑到资金紧张问题，生态集团向工行蔡甸支行申请延期偿还 3 月份、6 月份到期的本金 0.4 亿元，延长期限为 6 个月；其余存量贷款按期还本付息，2020 年 1—12 月份偿还贷款本金 7.99 亿元，偿还利息约 1.31 亿元。

二、正在推进的项目情况

为保障区生态集团项目正常运行及存量债务按时还本付息，我们积极协调各方面的可用资源，以多种融资方式全面推进，在保证公司资金到位，各个项目顺利实施的前提下，统筹安排融资项目。目前，区生态集团正在推进的项目有以下几项：

1. 与银河证券合作发行非公开公司债

2020 年 3 月经区国资局批准，区生态集团与银河证券合作，通过发行非公开公司债的方式筹集资金。该项目申报额度不超过 15 亿元，期限不超过 5 年，资金成本预计区间为 4.3%—6.3%，实际利率随市场行情而定。募集资金用于偿还存量贷款、补充流动资金，部分资金用于疫情防控专项支出。2020 年 5 月 13 日获得上海证券交易所债券挂牌转让无异议的函，确定发行额度 9 亿元，期限不超过 5 年。

2020 年 9 月经区政府批准，生态集团启动分期发行工作。2020 年 12 月 28 日发行第一期疫情防控债 3.6 亿元，期限 3 年，票面利率 5.8%；2021 年 1 月 19 日发行 2021 年非公开公司债 2 亿元，期限 5 年，票面利率 6.1%；剩余 3.4 亿元将根据资金需求情况择期发行。

2. 与农行蔡甸支行合作实施债权融资计划

2020 年 3 月经区国资局批准，生态集团与农行蔡甸支行合作，通过发行债权融资方式筹集资金。该项目发行额度 2 亿元，期限不超过 5 年。2020 年 6 月 16 日获得北金所接收备案通知书，6 月 28 日根据资金需求挂牌销售 8000 万元，剩余 12000 万元待择期发行。

3. 储备项目

（1）招商银行流动资金贷款项目，授信额度6000万元，期限1年，利率5%。

（2）光大银行流动资金贷款项目，授信额度10000万元，期限3年，利率不超过5%，需要区经开投公司提供担保，此担保不录入征信系统。该项目属于中长期流贷，相比于其他流贷，其额度更大、期限更长。

（3）华夏银行国内信用证项目，授信额度8000万元，期限1年，综合成本5%。

三、存在的主要问题

（一）收入确认来源单一

区生态集团确认收入主要是经开投公司委托代建项目收入，收入来源长期无回款，造成经营活动现金流量净额为负，面对交易所对平台代建项目穿透核查，无法提供资金流水，造成后期发债的严重困难。

据了解，经开投公司目前正在准备发债工作，其聘请的会计师事务所对于生态集团前期确认收入的模式存在疑虑，生态集团以委托代建方式确认收入的模式后期能否继续延续存在问题。

（二）缺乏有效资产

虽然生态集团2019年审计报告反映资产总额为69.80亿元，但是公司的无形资产主要以天鹅湖、高湖两宗水域滩涂使用权为主，该部分资产变现困难。公司有效资产少之又少，有效资产的限制为后期融资和发债造成一定的影响。而且行政审批局建议我司注销水域滩涂养殖权证，重新办理国有土地证。目前区水务局正在进行划界确权的工作，但是进度缓慢。如果取消了水域滩涂养殖权证而又办理不了土地证，生态集团账面资产将会大幅度减少。

（三）区政府调用资金金额较大，且无力偿还

自2016年开始经区政府统筹协调，生态集团持续借款给经开投、

嵩山街办事处、中法投、城投及区水务局，截至 2021 年 1 月 20 日借款资金余额为 5.95 亿元，且经开投 2 亿元、嵩山街办事处 0.8 亿元和区水务局 2.25 亿元借款持续几年都没有任何回款，影响了生态集团的其他应收款回款率，每年还需要续签借款协议以应对金融机构的贷后检查。其他应收款占流动资产的比重较高，给公司带来了较大的资金占用和回收的风险。在券商看来如公司无法按照计划收回应收账款及其他应收款，可能影响公司的运营效率和偿债能力。

四、建议及相关请求

建议区金融办作为牵头部门统筹协调，解决以下问题：

1. 从财政预算资金中调剂相应资金到生态集团，用以解决相关单位借款金额大且无力偿还的问题。收回前期借款资金，一是可以提高生态集团其他应收款的回收率；二是可以增加生态集团的账面资金，减少资金占用。

2. 增加区生态集团与经开投公司往来资金流水的频率，以实现委托代建收入按期回款，规避交易所穿透检查，为后期债券发行创造条件。

武汉蔡甸生态发展集团有限公司

2021 年 1 月 21 日

蔡甸区国企资产倍增路径选择

2021 年 6 月 25 日，蔡甸区又一次召开了国企资产倍增专题工作会议。以下是该区金融办提供的会议方案。

蔡甸区国企资产倍增工作推进会议方案
（征求意见稿）

一、会议时间：

2021 年 6 月 25 日（周五）上午 9：30

二、会议地点：

蔡甸区人民政府二楼会议室

三、参会人员：

（一）蔡甸区政府领导：黄思；

（二）参会单位：区政府办（金融办）、区发改局、区财政局、区国资局分管负责人，城投、生态集团，国资、中法投、经开投公司总经理；

（三）武汉大学长江金融工程研究院：叶永刚、叶昂、江琳、范文婷。

四、会议议程：

（一）区政府办（金融办）汇报前期调研和前期主要工作情况；

（二）五大平台汇报资产规模倍增行动方案；

（三）主要经济职能部门进行交流磋商；

（四）长江金融工程研究院院长叶永刚发言；

（五）蔡甸区政府领导总结发言。

五、相关事项：

区金融办负责统筹协调，通知相关单位参会，以及联系车辆等会务工作。

区金融办

2021 年 6 月 23 日

这次会议如期举行。从这次会议的方案、参加人员和议程可以看出蔡甸区对这次会议的高度重视，并且会议的内容十分重要和具体。会议完全达到了预期和目的。

我们在这次会议上强调了以下几个方面的要点：

1. 这次会议的协同创新特色。这次与我们武汉大学研究团队一起参会的还有南商行、信达资产和信达证券等金融机构的有关人员。之所以请他们一起参加会议，是因为他们都愿意一起来进行协同创新。

2. 这次会议重点讨论了三角债的化解问题。我们可以通过南洋商业银行武汉分行的境外债发行来解决。该银行的境外发债业务不仅可以给在座的平台公司解决融资问题，而且使三家平台公司之间的三角债问题顺利突破。

3. 这次会议再一次强调了混改的意义。混改和上市将会加快平台公司资产倍增的进程。我们建议选择一批企业进行混改上市，国资公司的产业基金完全可以放进这些企业，推动这些企业尽快上市。

4. 这次会议让我们看到了乡村振兴对于国企资产倍增行动的重大意义。乡村资产运营管理公司的建设将会从根本上解决国资企业的资产倍增资金来源问题。

5. 建议会后根据各个国企的实际情况，实施一起一策的措施，强有力地推进各平台公司的资产倍增进程。

此次会议在热烈的掌声中结束。

2021 年 6 月 27 日于珞珈山

第七章 湖北孝感市国资倍增行动

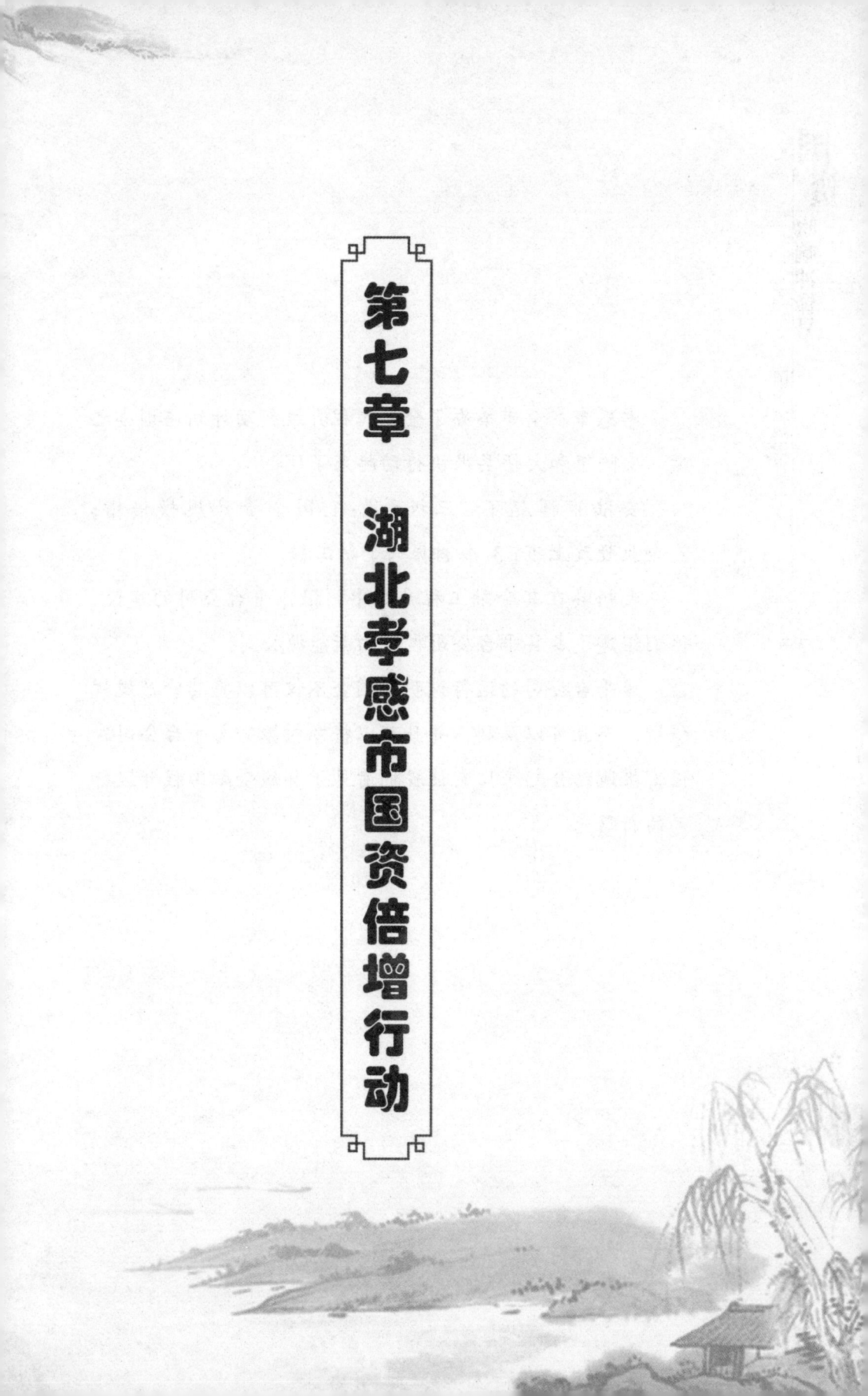

　　孝感市在全市举办了金融工程升级行动计划培训办之后，安陆市和大悟县很快行动起来了！

　　安陆市挥起了"三板斧"：1.国企资产规模倍增；2.企业股改上市；3.乡村振兴金融工程。

　　大悟县在其金融工程升级中，狠抓平台公司的建设。他们组建了本县平台公司控股的新能源公司。

　　该平台公司的运行说明了国企不仅可以将其资产规模倍增，而且可以赢利，并且可以将乡村振兴与平台公司建设有机地结合起来！它让我们看见了县域金融工程升级行动的新曙光。

安陆市启动金融工程升级行动计划

2021 年 5 月 11 日，安陆市启动金融工程升级行动计划。

我们首先看到的是当天金融工程升级行动签约仪式及座谈参会人员名单。

安陆市金融工程升级行动项目合作协议
签约仪式参会人员

一、市领导及相关人员

李先乔　市委书记

黄国威　市委常委

黄　炜　市委常委

李儒智　市政府办公室副主任

郑红梅　市政府金融办主任

二、市直相关部门

财政局、发改局、农业农村局、科信局、人行安陆支行

三、国有投资平台公司

安陆市浩源国有资本投资运营有限公司（安陆涢西投资开发有限公司）

安陆市涢府文化旅游投资发展有限公司

安陆市涢创投资开发有限公司

安陆涢通交通投资开发有限公司

安陆涢港文化旅游投资开发有限公司

安陆市金韵文化旅游投资开发有限公司

安陆市涢紫文化旅游投资开发有限公司

四、相关银行

农发行、工行、农行、中行、建行、邮储银行、湖北银行、农商行

五、相关企业

神丹公司、午时药业、永祥农机

从这份名单中大家可以看到该市对此项工作的高度重视。市委和市政府核心班子成员几乎全部出席了这次签约仪式。

由于我们在签约仪式之前已经做好了前期调研工作，因此签约仪式后我们紧接着便开始讨论《安陆市金融工程升级行动实施方案》。

以下是该方案的具体内容：

安陆市金融工程升级行动实施方案
（讨论稿）

为进一步贯彻落实中共中央十九届五中全会和习近平总书记一系列重要讲话精神，落实省委省政府关于金融工程升级行动计划，做好"十四五"规划的工作，充分发挥金融在现代经济中的核心和引领作用，为全面提升安陆市的整体实力和竞争力，达到金融资源有效配置、金融风险有效防范、金融和经济可持续发展的目的，我们在前期调研和讨论的基础上，特制定《安陆市金融工程升级行动实施方案》。

一、指导思想

（一）坚持用习近平新时代中国特色社会主义思想和党的十九大及十九届五中全会精神武装我们的头脑，并以此指导我们的头脑，指导我们的经济和金融工作。

（二）坚持贯彻 2020 年政府工作报告中关于国资企业改革三年行动

计划的相关精神。完善国资监管体制，深化混合所有制改革。

（三）坚持产融深度结合。将此次金融工程升级行动的实施作为安陆市优化产业结构、推动本市经济高质量发展的重要抓手。

（四）坚持金融普惠。助推经济方式转型升级，服务乡村振兴，打通金融服务最后一公里。

（五）坚持金融服务实体经济。改善投融资结构，拓宽企业融资渠道，助推安陆经济跨越式发展。

（六）坚持金融创新与风险控制一起抓。在控制金融风险与新冠肺炎疫情反弹风险的前提下，全面提升金融服务的水平和质量。

（七）坚持将政府的有形之手与市场的无形之手相结合。有效配置政府资源，确保国有资产保值增值。

二、安陆市金融工程升级行动工作目标任务

（一）制定《安陆市金融工程升级行动实施方案》，使其成为全省金融工程升级行动计划的典范，走在全省的前列；

（二）推进市国资企业资产倍增计划，将全市至少两个国资企业的评级提升到 AA+ 及以上的水平，实现市国资企业成为安陆市经济发展的主力军和引导产业投资渠道的主力军的战略目标；

（三）实现企业股改和上市的重大突破，形成一批股份制企业和一批上市培育企业，力争每年实行 5 家以上企业股份制改造，力争培育两家以上企业上市；

（四）鼓励银行金融机构创新，每年新增存贷比达 100% 以上；

（五）成立乡村资产运营管理公司，推进乡村振兴金融工程，力争1—2 个乡镇融资取得突破，使安陆市的乡村振兴工作成为全孝感市的典范和示范基地，在此基础上全面实施乡村振兴金融工程，并进一步推广到全市；

（六）培养一批既懂金融，又懂实体经济的专业人才，增加金融专业知识，引导树立创新思维，促进安陆经济高质量发展。

三、安陆市金融工程升级的主要内容

（一）实施国资公司资产倍增计划

1. 落实国企改革三年行动计划。加快国资企业的股份制改造，集中优势力量形成组合拳，拓宽融资渠道，增强自身的造血能力。

2. 划清现有国资企业债务。根据目前国资企业的负债情况，划清政府隐形债务和国资企业的关系，有助于国资企业成为市场经济的主体。

3. 排查市内可装资产。摸清市内经营性国有资产、闲置资产、自然资源等可装资产（如水面资源、矿产资源、森林资源、土地经营权资源等），打包同类别资产，整合到国资企业，做到国资效益最大化，迅速扩大各国资企业的资产规模，为国资企业信用评级的提升打基础。

4. 倍增国资企业资产。分步实施国资企业资产扩充，提升国资企业融资功能。扩充市国资企业总资产到 100 亿元以上，并且使国资公司信用评级达到 AA+ 及以上水平。信用评级提升以后，其融资渠道、融资额度和融资成本都将有显著的改善。

5. 强化国资企业投融资功能。国资企业配合自身的金融创新，取得担保、保理、租赁、小贷等相关金融牌照，将国资企业的金融能力做强。

6. 重组与混改国资企业。国资企业之间重组，或者国资企业与民营企业混改。迅速扩大国资企业集团的规模，形成巨大的融资能力，直接推动产业升级和发展，有效完善企业管理制度，提高国有资本运营活力与效率。

7. 培育国资企业股改上市。综合运用倍增、重组和混改等方式，改善国资企业盈利状况，对接中介机构和境内外金融市场，使条件成熟的子公司与混改企业尽快上市，走多层次资本市场道路，拓宽境内外上市渠道，发挥国资企业在推动经济高质量发展中的带动作用。

建议责任单位：市科经局、市国资企业公司、市金融办

（二）实施企业股改上市金融工程

1. 确定全市股改企业清单。以安陆市产业发展为导向，培育本地企业，实施多层次资本市场培育计划。挑选出一批优秀企业，列入第一批

清单。

2.做好股改企业后续融资工作。引导金融机构加大信贷支持，组织金融机构为挂牌上市的企业量身定制创新金融服务和金融产品，如股权质押融资、私募可转债融资、挂牌贷、私募股权融资等方式，撬动金融资源流向企业，盘活企业股权资产，降低企业融资成本，扩大股改企业融资规模。

3.引入专业培训机构。深入开展培训辅导活动，推动企业对接多层次资本市场，严格把控专业培训机构入场，量身设计专业课程，提高企业资本市场意识，培养出高素质、高实操、高能力的专业性人才。

4.推动企业在境内外上市。对接中介机构，争取在武汉股权托管交易中心挂牌，力争培育两家以上上市企业，实现安陆市上市企业零的突破。市内各部门对企业挂牌上市过程中需要提供的资料、办理的手续或行政审批事项，应主动提供服务，认真指导，特事特办，急事急办，最大限度缩短办理时限。

5.梳理企业挂牌上市奖励政策。不断完善市内企业挂牌上市奖励政策，为挂牌上市的企业提供支持和持续的辅导。奖励政策规则应当严谨、明确、合理、必要、可行。

建议责任单位：市科经局、市金融办、市财政局

（三）实施金融机构创新工程

1.召开金融机构创新专题工作会议。摸清全市金融机构的存贷款情况，在已有的存贷款基础上，政府与金融机构协商确定工作目标，明确奖励政策。

2.创新金融机构服务与产品。加强企业与金融机构的沟通协商，鼓励全市金融机构围绕该目标设计出有针对性的新型金融产品，如土地经营权、林权、水面权、采矿权、股权、供应链融资等质押贷款业务，以实现政府和金融机构的双赢。

3.探索政府＋银行＋保险公司＋担保公司合作新机制。强化政府、银行、保险公司和担保公司协同创新，服务实体经济，促进产业发展。积极运用大数据、云计算等技术，改造信贷流程和信用评价模型，推广助保贷、保单贷款、助农贷、小额贷款、保证保险等符合市内情况的金融产品。

4.完善金融机构考核激励机制。根据金融机构对企业放贷和服务情况，评估和考核金融机构。对业绩较好的金融机构实行奖励政策。

建议责任单位：市财政局、人民银行安陆支行、市金融办

（四）实施乡村振兴金融工程

1.成立乡村资产管理运营公司。选择1—2个乡镇开展乡村振兴金融工程试点，理清试点乡镇现有资产，以扩大增量、盘活存量、壮大乡村资产规模为出发点，同时将现有有效资源整合，装入乡镇一级的资产管理运营公司，以政府为主导为乡镇经济发展提供集中性资源，促进农村经济健康发展。

2.集中办理确权交易。促成试点区域的农业农村资源、资产在武汉市农交所集中确权及交易，使农业农村资源、资产通过市场原则有序流转，实现资源价值高效提升，做到"资源资产化"，形成乡村振兴的先行示范。

3.积极寻求外部合作，提升综合管理水平。乡村资产管理运营公司可探寻相关领域的成熟企业，积极与其合作，借助对方专业的运作模式，积极探寻专业的法律、税务、审计等机构，严格把控风险，规避可预见的经营风险。严格落实中央政策，发挥资产管理运营公司市场主体地位的自身优势，促进乡村振兴高质效发展。

4.实施金融服务创新工程。对接各类金融机构，以确权后的资源作为抵押进行融资，创新金融服务与产品，实现"资源资产化、资产资金化、资金产业化"，服务于乡村振兴的地区经济发展，推动城乡一体化。

建议责任单位：安陆市试点乡镇、市国资企业、市农业农村局、市金融办

（五）设立产业引导基金

1.完善产业引导基金。促进安陆市产业结构优化升级，推动企业转型升级；对安陆市较大的规模企业进行摸底调研，开展政、银、企座

谈，切实了解企业资产、生产经营状况和融资需求，建立企业融资需求数据库；对乡镇主导产业、重点企业和挂牌企业优先给予资金支持和政策优惠。

2. 筛选优质项目。筛选出具有成长前景、符合产业引导政策的当地或外地优质项目。以小而精的项目为产业引导基金主要投资对象，控制投资额度。产业引导基金应当与金融机构联动，金融机构包括但不限于融资担保公司、供应链金融公司和各类银行。利用担保公司的信用优势，为产业引导基金所筛选的核心企业提供增信支持，保障其在发展过程中能够用充足的低成本资金支持，打通金融机构与偏早期企业的信息不对称、风控难契合的问题。

3. 加强外部合作。产业引导基金应当重点引入成长期的投资人或投资机构，利用早期所奠定的产业基础，实现基金真正规范企业，为实现企业更长期更有利的发展奠定基础。通过产业并购基金、当地及外部银行机构联动运作，推动企业扩大生产和发展规模，实现规模化生产和品牌化运作，实现资产变现、资源盘活，推动企业从中小型变身成为优质的大型企业，带动当地产业发展。

建议责任单位：市财政局、市科经局、市金融办、市金融机构

（六）实施风险控制体系建设工程

1. 建立国资企业金融风险控制体系。建立国资企业内部体系，通过信用评级、企业股份制改造、风险管理职能强化等办法，规范公司法人治理结构，形成高效运转、有效制衡的约束机制。

2. 设立融资担保基金。扩大融资担保基金规模，对接金融机构，撬动市场融资规模，支持实体经济发展。特别是乡镇企业和"三农"急需信贷活水"滴灌"。设立融资担保基金，可以有效拓宽企业融资渠道，助推企业成长壮大、激发创新活力，还能提升金融机构服务实体经济的能力，对推动普惠金融发展、强化社会诚信体系建设、促进区域经济转型升级具有重要意义。

3. 加强产业担保体系建设。完善以政府为主导的区域担保公司，应用担保的增信和分险功能，使其成为政府服务产业发展的政策工具，将政府性担保机构打造成为支持实体经济发展的增信器和维护金融安全的稳定器。

4.完善企业和农村征信系统建设。充分发挥政府的组织协调作用，加强征信系统建设力度，积极扶持和引导信誉好、实力强的中介机构独立开展征信业务，加快完善农户信用信息档案采集工作。广泛开展征信宣传教育活动，通过开展各类信用活动，提高农村诚信意识，倡导诚实守信的社会风尚，改善农村信用环境。

5.实现省、市担保体系联动。加强安陆市担保体系与省、市担保体系的联系，共建担保体系，提高市担保机构的信用能力，分散项目经营风险，规范和提升担保的整体运作水平，以缓解中小微企业融资难和融资贵的问题，推动市经济健康发展。

6.加大非法集资的打击力度。针对安陆市非法集资的现状、特点及处置中面临的问题，强化顶层设计、深化体制改革、健全保障机制，着力完善法律法规体系、营造良好的经济环境、建构联动工作格局、打造有效的风险控制体系，化解各种金融风险。

建议责任单位：市财政局、市科经局、市金融办、市金融机构

通过以上措施，我们可以构建成一个完整的安陆市金融工程创新模式。这个模式的核心内容是由国资企业资产倍增＋企业股改上市＋乡村振兴＋产业基金引导＋担保体系建设等措施构成的安陆模式。国资企业资产规模倍增是其中最大的突破口。一旦国资企业创新、融资规模壮大，金融工程采取的各种金融措施就可以奏效了，就可以解决钱从哪里来的问题。第二个重大突破口是企业股改与上市。如果我们能在一年之内将企业股改数量翻番，那么我们的企业融资难问题就可从根本上得到解决，我们的上市工作就可以实现重大突破，就能够解决钱到哪里去的问题。第三个重大突破口是担保体系建设和企业信用评级提升，以此解决钱的风险控制问题。实现以上三大突破，可以使安陆市综合实力显著增强、发展的质量和效益显著提升，可以使安陆市经济腾飞！

四、金融工程保障措施

（一）组织协调调度。由金融工作领导小组统一组织协调调度，安陆市政府主要领导任组长，有关单位、各金融机构和各乡镇负责人为成员，推动金融创新发展，全面加快安陆市金融工程升级行动建设，建立长效对接机制。

（二）科学制定金融工程方案。依托武汉大学金融工程研究团队，对有关职能部门、金融机构、乡镇和企业开展调研，制定工作方案。

（三）强化政策支持。出台相关文件，对国资企业、新引进的金融机构、信贷投放多的金融机构、上市挂牌企业、发行资产证券化产品企业、引进保险资金等实施奖励，对为经济发展作出较大贡献的商业银行给予政策倾斜。

（四）定期召开专题工作会议。落实工作计划，定期召开专题工作会议，确保金融工程各项措施的贯彻与实施。

（五）强化培训与宣传。通过召开座谈会、培训会和举办安陆金融工程论坛等方式，扩大金融工程的影响力。

长江金融工程研究院

2021 年 5 月 11 日

2021 年安陆市金融工程重点工作安排表

实施时间	实施内容
2021 年 5 月	制定和讨论金融工程方案，召开金融工程座谈会、国资企业金融工程专题工作会，对接长江金融工程研究院
2021 年 6 月	推动国资公司扩大资产规模，对接长江金融工程研究院和相关要素市场与管理部门
2021 年 7 月	召开信用评级专题工作会，提升信用水平，并确定乡村振兴金融工程示范乡镇，对接中诚信等评级机构、长江金融工程研究院
2021 年 8 月	推进企业股改与融资，确定股改清单，对接中介机构与金融机构
2021 年 9 月	推进企业在境内外的上市工作，确定"种子企业"清单，对接证券公司等机构，举办上市企业专题培训
2021 年 10 月	召开金融机构创新专题工作会议，扩大融资规模，对接商业银行等相关金融机构

安陆市启动金融工程升级行动计划

实施时间	实施内容
2021 年 11 月	开展企业产融结合调研，推进产业金融工程，对接银行和非银行金融机构
2021 年 12 月	召开产业基金建设会议、全市产业发展会议，对接各种社会基金
2022 年 1 月	强化担保体系建设、担保体系联动工程，对接省、市各级担保基金
2022 年 2 月	推进乡村振兴金融工程，在前期示范的基础上全面实施乡村振兴金融工程
2022 年 3 月	举办安陆金融工程论坛，扩大金融创新影响力，对接武汉大学等相关研究机构
2022 年 4 月	总结经验并制定下一年的工作方案，对接长江金融工程研究院

从该方案中我们可以看到安陆市实施金融工程升级行动的"三板斧"：1.国资公司资产规模倍增行动计划；2.企业股改上市；3.乡村振兴金融工程。

在这"三板斧"中，国资公司资产规模倍增行动计划起主导作用。这个问题解决了，钱从哪里来的问题就可以解决。企业股改上市和乡村振兴金融工程主要是解决钱往哪里去的问题。这"三板斧"结合起来，也就解决了产融结合问题。

2021 年 5 月 11 日于珞珈山

大悟有个新能源投资公司

孝感要我给中心组的领导们作一场"金融工程创新推动下的孝感市经济高质量发展"的专题报告。为了讲好这一课，我到孝南、孝昌和大悟三县进行了深入调研。

大悟有一家名为兴新能源投资公司的国企，它给我的印象太深刻了。离开大悟时，我让该县副县长鲍克明给我一份该公司的情况介绍。

2021年3月16日下午，鲍副县长给我发来了"全县光伏扶贫电站情况汇报的微信，我抄录如下：

全县光伏扶贫电站情况汇报——大悟县兴新能源投资有限公司

2021年3月16日

一、光伏扶贫电站的基本情况

1.光伏电站建设情况。全县现有光伏电站34处，总装机容量114.992MW。其中，集中式光伏扶贫电站1处，装机容量为90MW，占比78.3%，多村联建电站6处，装机容量为21.75MW，占比18.9%；联村（含村级）电站27处，装机容量为3.242MW，占比2.8%。

全县光伏电站共有三种建设形式。一是以县能投公司为建设主体的电站。共13处，总装机容量为23.35MW，投资约14373万元，占地面积

768 余亩。二是县能源公司与省高投合作共建的光伏扶贫电站。共 1 处，总装机容量为 90MW，投资 64463 万元，占地总面积约 3500 余亩。三是乡镇建设的光伏电站。共 20 个，总装机容量 1.642MW，具体投资额度暂未统计。

2. 光伏电站收益情况。2018 年至 2020 年，全县光伏已结算总收益 2.16 亿元。其中 20 个村级自建电站的总上网电量为 460.02 万度，已结算收益为 403.34 万元。13 个村电网的总上网电量为 5703.08 万度，已结算收益为 3230.1 万元。五四集中式电站的总上网电量为 3.01 亿度，已结算收益为 1.8 亿元。

3. 落实精准扶贫情况。2017 年至 2020 年，利用光伏扶贫电站收益支持精准扶贫资金共计 6770 万元。一是 2018 年至 2019 年光伏收益帮扶无劳动能力贫困户 3600 户，每户扶贫资金 3000 元，每个年度落实资金 1080 万元，共计 2160 万元；二是 2018 年至 2019 年帮扶贫困村村集体收入 803 万元；三是 2018 年至 2019 年，带动贫困户发展扶贫资金 1107 万元；四是 2017 年至 2020 年省高投从集中式光伏扶贫电站分红效益中按每年 100 万元支持大悟县精准扶贫项目建设资金共计 300 万元；五是 2020 年落实 2500 个公益岗位，工资按每人每月 750 元的标准及时足额发放，共计资金 2400 万元。

二、2021 年工作计划

从 2021 年开始光伏政策调整为无补贴上网，投资又大幅度下降，但从目前我公司建成的光伏电站运营情况看，效益还是比较可观的。结合现状，公司 2021 年的工作计划是：

1. 继续发展村级光伏业务。积极联系乡镇，计划在每一个乡镇新建大型光伏电站一座。根据乡村自身需求与条件来确定电站的最终规模。现已开展前期调研和情况摸底工作，预计总装机量为 20M—30MW。

2. 大力发展分布式光伏。分布式光伏建设周期短，不占用土地，维护简单，现有政策是每度电 5 毛补贴，还可以就地消纳，收益较为稳定。据我们进行的市场摸底，很多人有意愿在自家的屋顶上安装分布式

光伏。大力发展分布式光伏既能增加一部分人的收入，还能为无劳动能力的人群提供一个稳定的收入来源，实现产业扶贫。

3. 积极拓展光伏业务。运用悟发科技公司的技术优势，开展太阳能路灯生产，同时开展安装和维修等业务。据初步统计，全县现有太阳能路灯约 2.8 万盏，已损坏 6000 余盏，目前处于无人管理状态。

三、下一步的工作举措

1. 加强技术支持保障。一是运用市场机制聘请专业的管理人员和专业技术团队，通过开展业务培训和建立健全各项管理制度等，加强光伏专业队伍团队建设。二是充分发挥悟发科技公司的技术优势，免费为全县的光伏电站提供收益结算、运维管理服务等五年，保障全县光伏电站的运行质量。从我公司去年新建的阳平镇阳平村、高店乡东岳村、宣化店镇河棚村三个村级光伏电站的运行情况来看，电站建设占地面积小、质量好、发电效率高、成本低。

2. 加大市场开拓力度。一是认真开展调研，下沉至乡镇村级市场，增加营销宣传手段，推广宣传"光伏养老"模式，扩大光伏业务销售，实现生产与销货有效对接。二是加强与商业银行的合作，推出光伏贷品种，重点支持县类客户建造屋顶发电站，解决客户的资金之忧。

3. 提高售后服务质量。以巡查巡检和问题立行立改为重点，加强光伏扶贫电站的运维管理。每月至少开展两次巡检，并使发现的问题和隐患在 24 小时以内得以解决，提高全县各光伏扶贫电站运行的稳定性和电站质效。

四、工作建议

一是建议县委县政府组织组织部、财政部、发改局、自然资源规划局、林业局、电力公司、农业农村局等部门召开专题会议，合力从乡村振兴战略政策衔接、项目备案、用地保障、电力接入等方面对光伏电站建设给予支持，并形成会议纪要；二是建议县委县政府将发展村集体基金，对接乡村振兴等项目建设资金，加大对村级光伏电站的资金投入，发挥政策扶持效益，支持公司的光伏产业做大做强。三是建议县委县政府加大对太阳能路灯业务的支持力度。我公司生产的太阳能路灯质优价廉，拓展太阳能路灯生产、安装和售后服务，既能保障我县生产的太阳能路灯充分发挥美化亮化的作用，又能节省美丽乡村建设的投入。

看完了这份材料，我有几点感想：

1. 县域国企在县域经济中不仅可以发挥主导作用，而且可以赢利。谁说地方国企不能挣钱，请看大悟的新能源投资集团。

2. 县域国企可以在乡村振兴中发挥重要作用。该光伏投资集团对乡村的电站完全可以支持发展。

3. 光伏产业不仅可以在本地发展，而且可以拓展到外地，甚至很快可以做到上市。

4. 国企的光伏项目将给新能源战略的实现注入一股强大的推动力。

5. 国企还可以运用自己的技术优势与其他产业融合。比如太阳能路灯、光伏套种套养，等等。

光伏产业不仅照亮千家万户，而且可以照亮中国农村经济发展的一条崭新道路！

2021 年 3 月 28 日于黄陂下叶湾

第八章 湖北大冶市国资倍增行动计划

大冶的行动可以称为"大冶模式"。

什么是"大冶模式"呢？

我认为一个重要的特点是"长短结合"。

"短期"看，融资困境也！"长期"看，经济发展也！"短期"需要"救命"，即需要通过融资来解决还本付息问题；"长期"需要"养命"，即需要将资金投向赚钱的项目和产业。

对"救命"而言，我们可以运用表外融资方法；对养命而言，我们可以运用产业金融工程！听见了吧，"大冶模式"如是说！

大冶城投集团资产倍增行动与商票融资

在大冶市，大冶城投集团是最具代表性的政府平台公司。它所面临的融资困难具有双重性，即短期性和长期性。短期要"救急"，长期要"养身"。

我们只要能将这两者结合起来，地方政府平台公司的问题就可以迎刃而解。

长期的问题，主要要解决钱往哪里去的问题，我们主要通过主导产业金融和乡村振兴金融工程来解决。短期的问题呢？我们主要通过是市场化的方式来解决。市场化无非遵循市场经济的法则。市场经济有一个法则叫作"高风险变回报"。这无非就是一个利率成本问题。

最近我们在短期融资上找到了一个突破口，即商票融资方案。

以下是该方案的具体内容：

大冶市振恒城市发展投资有限公司商票融资方案

* 目标企业

大冶市振恒城市发展投资有限公司

* 方案

1.融资方式：大冶市振恒城市发展投资有限公司开商票给我担保公司指定民企（邯郸 ✳✳ 贸易有限公司），我担保公司（深圳 ✳✳ 融资担保有限公司）通过对融资企业的（**产业投）信用评级和企业资质的审核，对该企业的商票在票据市场上价值进行评估，最终以现金流的形式完成融资。现金流额度即为最终融资额度。

2. 融资规模：5 亿—30 亿元（以最终合同为准）。

3. 融资期限：1 年（可循环，最长至 3 年）。

4. 质押率和融资成本：接票企业邯郸 ** 贸易有限公司跟大冶市振恒城市发展投资有限公司签商票质押贴现协议，然后将票转进银行票据池质押，本担保公司兜底担保出款到接票企业账户，资金由接票企业回流到大冶市振恒城市发展投资有限公司。质押率 4—6 折，一年期总成本 11%—13%。

5. 表外借款，无需抵押物，用途无监管。

6. 融资方到期按质押率赎回商票。若融资方到期无法赎回，我担保公司可再次循环操作（开出新的商票换旧票，无须大额资金过桥），进入下一个一年循环期。

7. 资金来源：银行给担保公司授信，担保公司为下面指定接票企业做兜底担保，将指定接票企业所接商票抵押到银行票据池。

8. 资金到位时间：2—10 个工作日 *（以实际约定时间为准）。

9. 本次商票融资接票企业：接票户

单位名称：邯郸 ** 贸易有限公司

开户银行：交通银行股份有限公司邯郸分行

银行账号：1346**0058867，银行行号：3**019。

10. 本次商票融资可以不用大冶市振恒城市发展投资有限公司开保函、发票和贸易合同。因此，接票企业对质押部分以外的商票没有追索权，就不用跟大冶市振恒城市发展投资有限公司签免追索协议（如果有保函发票贸易合同则必须签免追索协议），同时，商票质押协议里有相关条款说明 ** 产业投对质押部分以外的商票是免责的。

* 操作流程

1. 融资企业递交所需要的资料：营业执照、评级报告、法人身份

证、开户许可证、发票抬头、样票（大冶市振恒城市发展投资有限公司向我司指定接票户开张 10 万商票），我司收到材料后会去审核，给出融资方案（具体的商票质押率和融资额度、成本年化率）。

2.资金方进行调研和资质评估，给出融资额度/质押比例和年化率，双方认可后签署文件（商票质押协议），然后按一张商票一回款操作，会有渠道人员在现场配合工作，每天贴现额度由双方协商（如融资额度 1 个亿，核准质押比例为 50%，年化率 11。融资方按资金方要求开出单张票面金额为 100 万的商票。资方按票面金额 100 万的 50% 扣除年化 11 转 44.5 万给融资方，一票一回款直到合同额度结束）。

3.一年到期后融资企业按质押比例平仓（100 万的票面额度，质押率 50%，还款 50 万），此单商票质押融资业务结束。

备注：此商票融资不占用企业授信，为表外借款的非标业务，交易对象为担保公司指定的民企。

一旦有了这种商票融资通道，我们对于任何地方的区域金融工程就具备了十足的"底气"。

区域再困难也没有什么可怕的了。首先"救急"，解决国企的眼前问题，然后再实施"国资规模倍增"，解决长远问题。两个问题一起解决，不就是解决了区域经济的发展问题吗？

2021 年 8 月 7 日于珞珈山

一位董事长来信之后

2021 年 7 月 15 日上午，我收到大冶市城投公司董事长纪宏锋先生给我发来的一则短信：

"叶教授，上午好！目前大冶平台主要是融资不畅，现在非标融资越来越难做，债券融资募集资金非常困难，我们大冶市已获国家发改委、银行间交易商协商、上交所 71.4 亿元债券批复，但至今只发行成功 15 亿元（其中高新投 11 亿元市增加了湖北省担保集团增信担保），其他债券都很难找到募集资金，有的要求提供第三方 AAA 评级担保公司担保，所以短期内要迫切解决已批复的债券资金募集和发行问题。"

我下午回复了纪董事长的短信：

"收悉。明天我们讨论一下再与您商量。谢谢信任，祝好！"

第二天，我们就大冶城投公司的债务问题进行了讨论，并决定下午就去该公司就债券发行问题进行调研。

下午，我带领研究团队成员江琳和叶非去大冶城投公司。

纪董事长和集团公司全体高管人员参加座谈。

纪董事长代表集团公司给我们介绍了集团目前面临的融资困难，并就债券发行问题与我们进行了深入的磋商和交流。接下来，其他高管人员作了补充发言。最后，他们一致强调，目前最需要的是解决眼前困难，即 20 亿中期票据发行问题。

这 20 亿票据尽管可以发行，但却销售不畅。之所以资本市场上缺少买方，是因为大冶市有两件事情在金融市场上有负面影响，一是汽车产业投资失败，二是城投旗下有一家子公司债务出现过违约事件。

我们接下来询问了该公司对于 20 亿中期票据发行的相关条件。他们告诉我们，利率可以适当上浮。目前市场上的价格在 6% 左右，他们可以上浮到 8%。

回到武汉大学后，我们就大冶城投公司的中票发行召开了专业工作会议，并且向各种金融机构进行了广泛的调研与咨询。

有的金融机构明确表示，大冶市已经列入了其"黑名单"，完全不能进入。

有的机构告诉我们：表类没法做，可以考虑做表外债项目，利率成本需要 12% 左右。

还有的机构说：可以考虑，资金成本 8% 也可以谈，但是要结合该市场的工程项目来谈。

有了以上这些反馈意见，我们对这个 20 亿的债券发行问题心里基本上有底了！

我还想到另一条路径。在大冶城投公司座谈时，纪董事长还谈到，如果黄石市城投集团愿意担保，这笔债也可以发行。大冶是黄石的直辖市。大冶的书记刚刚上任。我相信凭他的影响力，完全可以说服黄石市来帮扶大冶一把。但是，我们不到万不得已的地步，绝不会向大冶书记提出这一对策，因为这种措施已经超出了本市的市场行为。

我们按照相关机构的要求，将大冶城投公司的相关财务资料提供给了融资机构。我们已经和大冶市政府约定，下星期二下午召开国资企业专题工作会议，进一步全面了解各平台公司情况。

大冶城投公司的中期票据发行问题，我们基本上可以作出正面答复，并且可以就下一步的流程进行具体的安排和对接了！

2021 年 7 月 18 日于珞珈山

大冶城发集团资产倍增与资产划转

2021 年 8 月 4 日，星期三。本来准备在大冶市作一场关于金融工程升级的报告，但由于新冠肺炎疫情反弹，全省取消集会。作报告的时间被用来在城发集团开座谈会。

下午，城发集团的高管人员都到场了。我们和大家进行了热烈的讨论。

我们谈到了表外融资。表外融资已经找到了相应的机构。这样一来，"救急"的问题基本上得以解决了。

接下来我们开始磋商资产倍增问题。在此之前，我们就此问题进行了多次磋商。我在上次讨论会上已让纪董事长准备可装资产的清单。准备了清单，即可与大冶市政府对接此事了。

在座谈会上，纪董事长给了我一个城发集团资产划转清单，附清单：

他们将划转资产划分为七大类：1. 土地资产；2. 商铺及幼儿园资产；3. 涉黑资产；4. 经营性资产；5. 尾矿库资产；6. 排洪站资产；7. 水库资产。

他们还在划转清单上列出了各个项目：序号、资产类别、工作内容、面积、预估价值、涉及部门、工作进展及存在问题、请求帮助解决的问题。

我们把这些资产的预估价值粗略加总了一下：

① 40+ ② 6.41+ ③ 1.4+ ④ 0.1+ ⑤ 150+ ⑥ 2.6+ ⑦ 9.01=209.52（亿）

这个数字意味着什么？

这意味着仅仅这些资产的预估价值，就可以使城发集团的现有资产翻番了。仅此一项，其资产倍增行动计划就可以大功告成了！

我告诉大家，除了划转资产一项之外，我们还有各种方式来增加资产，比如重组、股改，等等，我们还有乡村资产运营公司的建设呢！

我向大家报告了我的想法：通过一年左右的时间，我们可以将城发集团的资产规模扩大到 1000 亿以上！

2021 年 8 月 12 日于珞珈山

大冶城发集团资产倍增与新能源产业

2021年8月5日上午，我们召开了大冶城发集团新能源产业金融工程视频专题工作会议。我们就资产倍增和光伏产业之间的关系展开了深入的讨论。

从城发集团金融工程来看，它必须解决好"一手抓住三条鱼"的问题，即钱从哪里来，钱往哪里去和钱的风险如何控制。

全国不少地方政府的投融资平台企业，充其量只解决了前两个问题，即钱从哪里来，钱往哪里去，但是，第三个问题却被大大忽略了。到最后，债务风险越来越大，其结果就是一个借新还旧的"庞氏骗局"了。

大冶的情况也有其特殊性。很多地方现在仍在"借新还旧"，但大冶已经连新都借不到了，因为他们的投资失误和前期违约已经使他们成为"网红"了。

针对这些特殊情况，我们通过表外融资，基本上解决了眼前的"救急"问题。紧接着，我们又运用"资产划转"来解决"资产规模倍增"问题。这些措施所解决的都是"钱从哪里来"的问题。

接下来要思考的就是"钱往哪里去"的问题了。大冶城发集团过去在这个问题上有失误，汉龙汽车投资已经大伤元气了。再就是公益项目投资了。

我们这次视频会议的目的就是要在这个问题上寻找新的出路。我们知道，中国的新能源产业，特别是新能源中的光伏产业，由于规模和技术上的突破，已不要财政补贴就可以挣钱了。过去的"臭狗屎"现在成了"香饽饽"。但是，近年来这些项目大都被央企和民营企业拿走了，地方政府的平台企业很少来主导这个产业。

我们现在是动员地方政府自己来控股该产业，不仅要发展该产业，而且要从根本上去改变地方政府平台企业的盈利状况，并从整体上去化解这些平台公司的"隐性债务风险"。

座谈会上的讨论十分热烈和深入。武汉光谷风脉能源公司介绍了他们的基本情况和想法，大冶城发集团报告了自己的诉求，我们就下一步的工作提出了相应的建议和安排。

会后我向风脉能源公司建议，希望他们根据会议讨论情况，尽快整理出一个初步框架，以供接下来的推进工作参考。

风脉能源公司很快给出了回复。

2021年8月8日晚上，风脉能源公司总经理晏志威给我发来一条短信。他们将其基本框架总结为"三大步骤"。

第一步，新能源电站项目的首要条件就是项目投资分析。发电量的测算、电站建设的成本是影响投资收益率的重要因素。风脉能源是国内民营新能源工程咨询、勘察提供商。设计咨询了三千多兆瓦时的风电光伏电站项目，具备项目前期勘察设计咨询能力，能够准确测算项目投资收益，为项目投资决策提供可靠依据。

第二步，新能源项目EPC总包公司的招标价格主要看项目甲方资本金出资情况。一般而言，地方城投公司的成本比较低。新能源项目开发建设自有资金一般在20%—30%之间，其他的可以通过固定资产的设备融资租赁或者项目股权质押银行贷款解决。风脉长科是风脉能源集团下属EPC业务公司，具备国电光伏电站建设能力，与业内设备厂家建立了长期稳定的合作关系，并具有风电光伏电站建设成本管控能力。

第三步，募集开发平台资本金。制定大冶市区域内"十四五"期间开发计划。风脉长科可以补充前期开发资本金，后期通过发电收益偿还本金，不计利息。新能源项目公司与风脉能源集团旗下北京中外天利公司签订风险运维合同，确认项目新能源电站发电收益，保障单个项目的投资财务内部收益率税前达到8%，资本金财务内部收益率在9.5%以上，投资回收期在13年以下。电站设计寿命为25年。

看完这"三大步骤"，我大体上明白了。城发集团公司可以在不花一分钱的情况下，将大冶市的整个新能源产业建设起来，不仅可以将产业干起来，而且还可以从中赚钱。因为该项目的内部收益率可以控制在9.5%以上，而城发集团的资金成本可以控制在5%以下。这不就是"金融工程三条鱼理论"的具体应用吗？风控、创新和盈利！三者皆备了！

当然，这只是"钱往哪里去"的通道之一，接下来还可以有通道之二、通道之三，……不一而足呢！

2021年8月9日于珞珈山

第九章 江西九江市国资倍增行动

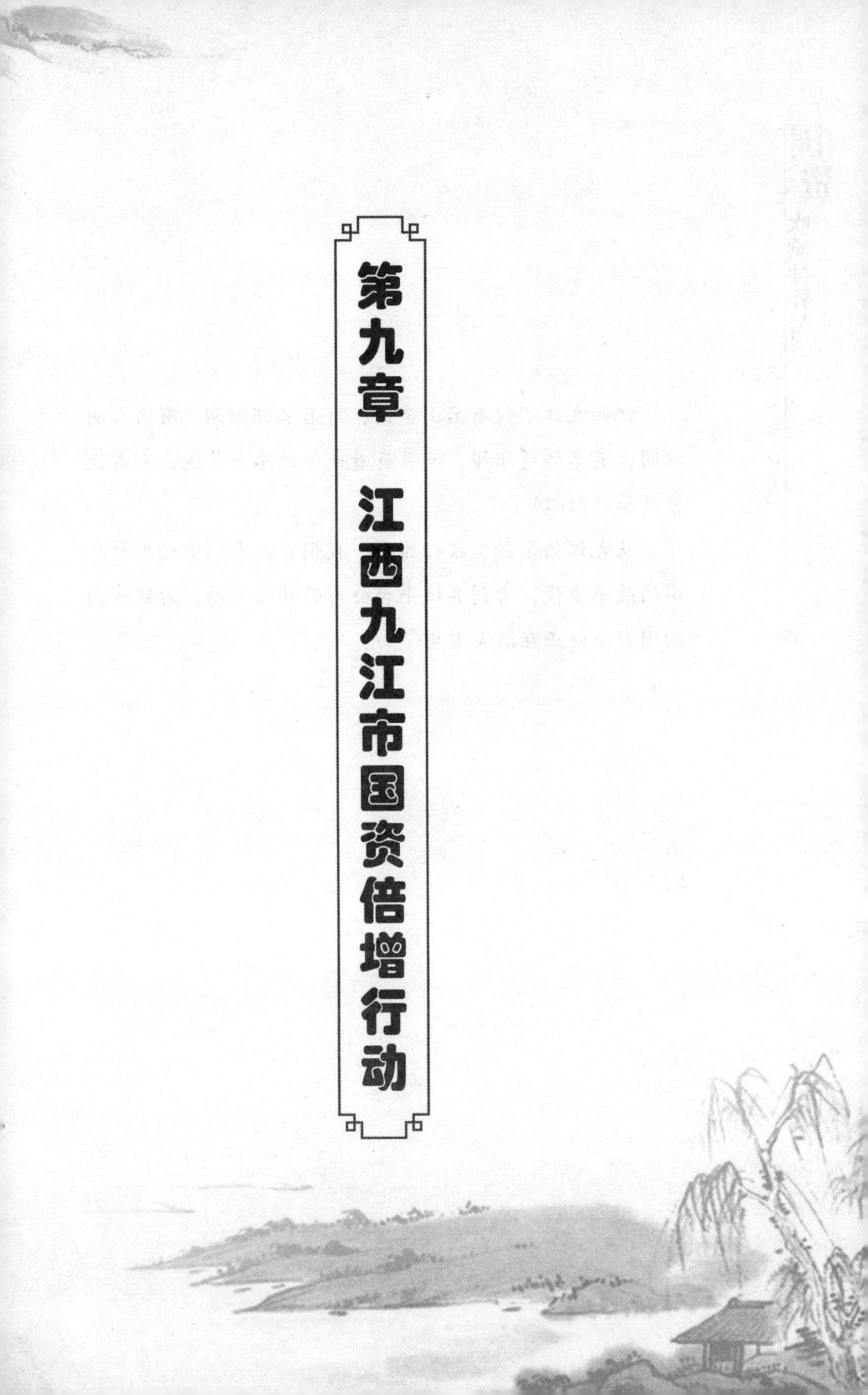

　　江西九江不仅有名山庐山，有名水鄱阳湖，有名人陶渊明，有名楼浔阳楼，而且有着光荣的革命传统，有着锐意改革的雄心！

　　从九江的金融工程行为中，我们可以看到市域平台公司的改革步伐，看到县域平台公司的升级行动，看到我们的国资企业正在浴火重生……

九江市文旅集团金融工程行动

　　摆在我们面前有两份材料。一份是《九江市文化旅游发展集团有限公司金融工程项目合作协议》，一份是《九江市文化旅游发展集团产业金融工程方案》。

　　看着这两份材料，我想起了我们研究团队在江西省推动金融工程项目所经历的难忘岁月。

　　湖北省2012年春天在通山县实施县域金融工程。2014年，该工程在黄冈市全面推行。不久，湖北省全省实施金融工程。由于江西省紧临湖北省，九江市又紧临湖北省通山县和黄冈市，因此，这个消息很快传到了江西省和与湖北省相邻的九江市。

　　江西省多次派人来湖北考察，并且让我多次到江西交流和培训。2019年，九江市举办了一个党政干部培训班，并让我在这次培训班上作了一场关于金融工程推动九江市经济发展的报告。没想到这次报告引起了大家的热烈反响。会后，九江市一批县委书记和县长、区长找到我，希望我在九江实施金融工程。

　　没多久，九江文旅集团董事长王叙宇先生带着他的领导班子成员考察武汉大学中国金融工程与风险管理研究中心和长江金融工程研究院，并与我们就九江文旅集团的金融工程事宜进行了广泛而深入的磋商。

　　这次座谈会后，我们签定了合作协议。于是，中国又有一个国资企业开始了金融工程的示范。

摆在我们面前的第二份材料是我们针对九江文旅集团的现状和问题量身打造的一份金融工程实施方案。

在这一份实施方案后面，我们附上了一份金融工程进度表。

九江市文化旅游发展集团产业
金融工程实施方案

为进一步贯彻落实十九大精神和习近平总书记关于金融工作的系列讲话精神，落实省委省政府在新的历史条件下用金融驱动经济发展的战略部署，充分发挥金融在现代经济中的核心和引领作用，构建符合九江市文化旅游发展集团有限公司运行规律的金融体系，探索出金融支持实体经济绿色发展的可复制可推广经验，我们在前期调研和讨论的基础上，特制定九江市文化旅游发展集团产业金融工程实施方案。

一、指导思想

（一）坚持用习近平新时代中国特色社会主义思想和党的十九大精神武装我们的头脑，并以此指导我们的经济和金融工作。

（二）坚持国有经济主体地位，实现近期效益和长远效益相统一，为推动全市文旅产业高质量跨越式发展提供项目建设服务和资金保障。

（三）坚持产融深度结合，促进产业转型升级。将文化旅游产业作为调整产业结构，推动九江市高质量发展的重要抓手。

（四）坚持运用金融工程的原理与方法，将九江文旅集团打造成为拥有现代企业制度的现代化企业。

（五）坚持金融创新与风险控制一起抓，在控制风险的前提下，全面提升九江文旅集团的金融服务水平和质量。

（六）坚持把政府的有形之手与市场的无形之手相结合，有效配置政府资源。将九江文旅产业作为实施乡村振兴战略、打赢脱贫攻坚战、推动绿色发展的重要内容。

二、九江文旅集团金融工程的目标任务

（一）制定"九江市文化旅游发展集团有限公司金融工程项目"总体方案。

（二）积极响应省政府上市公司培训计划，引进优质金融服务企业，帮助九江文旅集团及其子公司进行股改，力争每年实现一家以上企业上市，实现三家以上企业股改挂牌。

（三）通过实施"九江市文化旅游发展集团有限公司金融工程项目"，将文旅集团资产扩充到100亿元以上，评级达到AA以上。

（四）协助九江市辖内金融机构，为九江文旅集团实行金融产品创新、完善金融服务，充分利用最新的金融政策及措施，每年实现集团融资规模增长10%以上，充分满足文旅集团发展的资金需求。

（五）对九江文旅集团金融发展存在的问题进行研究，围绕集团金融发展、运用金融手段增强企业运营能力等方面提供咨询及培训服务。

（六）运用金融工程原理及方法，在控制风险的前提下，结合当前的经济形势、经济政策及金融措施，实现九江文旅集团跨越式发展。

（七）通过本方案的研究与实施，运用传帮带的形式，为文旅集团培养出一批既懂金融，又懂实体经济的专业人才。

（八）通过2—3年的努力，将九江文旅集团打造成全国文旅产业的典范和示范基地。

三、九江文旅金融工程实施方案主要措施

（一）集团股改转型升级工程

1.由市国资局主导文旅集团参与，进行股份制改造工作。通过对文旅集团及其子公司实行股份制改造、挂牌，可以健全集团现代企业制度，提高资本运作效率，增强公有制经济的活力。

2.股改后的企业，可以通过股权质押融资等方式积极拓展企业融资渠道（如发行企业专项债），优化企业财务结构。

3.可以引入市场化业务管理体系全面增强企业综合素质水平，构建核心竞争能力。集团可探寻相关领域的成熟企业与其合作，借助对方专

业的运作模式，探寻专业的法律、税务、审计等机构，规避可预见的经营风险。

（二）清产核资划清债务工程

1. 由市国资局牵头，文旅集团参与，对全市国有文旅资产进行清产核资，摸清文旅资产底数，切实做到账实相符，全面掌握国有文旅资产状况。

2. 对文旅集团原有的债务进行清理，原则上集团债务归投资集团管理，政府隐性债务归财政管理。市政府（国资局）划拨有效资产归文旅集团，补足隐性债务余额。对于一些已有代建代付项目，建议签好合同协议。

（三）扩充资产提高评级工程

1. 将全市经营性国有文旅资产注入文旅集团，将公益性资产剥离文旅集团（或由一个子公司代为管理），不断提高集团和子公司的融资能力。

2. 文旅集团要明确集团与其子公司的产权关系，通过机构设置使得子公司成为各经营项目的执行部门，集团内部设立投融资部门，将财务管理部改为财务审计部，对下属各平台公司进行梳理。完善企业法人治理结构，注销一批空壳公司，聘请专业机构提升集团内控管理，形成科学的管理制度、薪酬方案，聘请管理、会计、金融、法律等方面的专业人才，提升投资集团运营能力。

3. 建议将集团资产规模初步装到 100 亿元及以上，这样可以评级到 A 以上水平，为集团（或子公司）后续的担保、融资提供良好的平台。

（四）混合所有制改革工程

1. 混改的目的是将文旅集团打造成为符合现代企业治理结构、有创新型治理体系的公司。

2. 混合所有制改革的路径选择。一是文旅集团在股份制改造的过程中，通过外部合伙人，实行交叉持股、相互参股，构建混合型企业。在开发新的项目、组建新公司中尽可能地形成混合型企业。二是文旅集团本身（或其基础较好的子公司），通过多层次的资本市场（A 股、H 股等

境内外市场）等不同渠道实现IPO。三是对于企业股改后的股权，通过增持减持、增资扩股、发行可转债、私募等方式优化股权结构，促进各类资本融合。四是借鉴现有国有企业重组改制的方法，深化存续部分改制，培育优质资产推向市场。集团公司可改制为控股公司，可以整合子公司整体上市，放大资本功能。

（五）融资渠道拓展工程

围绕着文旅集团的主导产业，广泛对接各类金融资源，推动文旅体制改革和文旅产业发展，通过金融要素的渗透，带动各种资源优化组合、激活九江市文旅产业的活力。

1. 召开金融机构业务创新专题工作会，利用九江市旅游产业的集群效应，鼓励金融机构探索联保联贷模式。利用财政资金对文旅的扶持政策，探索"财政信贷"模式。对具有优质商标权、著作权的文旅企业（或项目）引导金融资源积极参与，发放权益质押贷款。充分了解当前的经济形势及经济政策。比如：针对疫情，央行新增再贷款、再贴现额度5000亿元，主要用于支持企业复工复产。央行定向降准0.5—1.0个百分点，释放资金5500亿元等。以上一万多亿元的资金额度释放，我们九江地区能拿到多少，需要各个金融机构作出创新与努力。

2. 以文旅集团为依托，建立文化旅游投资基金等，可以为集团子公司或感兴趣的项目提供信用支持或融资支持。

3. 可以与江西股权交易中心合作，完善文化旅游企业无形资产评估，设立文化旅游企业资产权益登记平台，构建文化旅游产权流转市场，为金融机构处置文化类企业无形资产提供保障。

4. 吸纳社会资本进入文化资产权益投资领域，建立私募基金。这样有利于克服银行间接金融的"瓶颈"制约，进一步拓展文化产业的直接投资。

5. 文旅集团可以整合资源通过债券市场融资，按照"统一冠名分别负债、统一担保、集合发行"的模式发行集合债。还可以引导效益好、偿债能力强的企业，通过发行企业债、公司债、可转债、项目债融资。

（六）担保体系的建设工程

1.在九江文旅集团内建立起一个以政策性担保为主、商业性担保为辅的融资担保公司。充分发挥集团评级后的融资担保能力，解决九江市文旅企业融资难、融资贵的问题。

2.文旅集团可与政府加强合作，探索贷款风险分担与补偿机制。建议将专项文化资金通过政策杠杆，对符合条件的文旅企业给予贷款贴息和保费补贴，引导资本参与形成资金合力，支持企业（或项目）发展，打造出九江市文旅产业的"一市一业"。

3.设立文化旅游企业风险补偿基金，合理分散金融机构的信贷风险，建立多层次的贷款风险补偿机制。

4.实现省市县三级联动担保体系，引导省级担保公司与市县担保机构共建担保体系，分散项目经营风险，规范和提升九江市担保行业的整体水平，推动区域经济健康快速发展。

5.充分利用疫情后新的担保措施，服务好九江文旅企业，为壮大九江文旅产业保驾护航。比如：对新发生的融资担保业务收取的担保费不超过1％；所有再担保业务减半收取或免收取再担保费用等。将这些政策融入到现有的担保体系中。

6.发挥商业保险在文旅产业中的促进作用，大力推动保证保险、责任险、意外险等保险业务，创新适合文化旅游产业的保险产品，满足不同层次人群的需求，扩大保险在文旅产业中的覆盖面。

（七）文旅企业上市工程

1.实施文旅上市企业"映山红"行动计划，在文旅集团挑选出优秀企业，也可将优秀的民营文旅企业或项目进行混改后作为上市企业培养。

2.引入优质的中介机构，为准上市种子企业制定上市方案，推动上市进程。中介机构要为企业量身设计专业辅导课程，通过课程为企业培养出高素质、高实操、高能力、懂资本市场的专业人才。

3.推动文旅集团（或子公司）通过并购重组、买壳、混改等形式，

与上市公司开展合作，实现未上市文旅企业与现有上市公司的共赢，促进九江市旅游产业的发展。

（八）围绕"新基建"做好文旅产业工程

2020年3月，中央政治局常委会提出要加快推进新型基础设施建设进度。"新基建"迅速进入人们的视野。全国25个省份也结合自身的特点，全面推进"新基建"的建设。江西省九江市完全可以利用自身文旅资源丰富的特点，将文旅产业作为九江市"新基建"的一个重要组成部分，贯穿全年的投资主题。比如：文旅集团计划的环庐山轨道交通建设与"新基建"中的"城际高速铁路和城际轨道交通"完全契合。

（九）区县文旅联动工程

1. 围绕九江市各区县的文旅特色，确定各区县文旅企业清单，将文旅龙头企业列入第一批清单。

2. 将清单类企业进行股改，在江西股交中心展示、挂牌，形成九江文旅板块。可将景区经营权、门票收益权等权益挂牌交易，同时企业股改后的股权还可以在江西股交中心进行股权质押融资，以拓宽区县文旅企业的融资渠道。

3. 文旅集团为有兴趣的展示、挂牌文旅企业（或项目）提供融资担保支持，还可通过混改支持其上市，达到通过旅游产业带动九江市乡村振兴的目的。

4. 将文旅产业作为九江市各区县平台公司转型升级的着力点。利用各区县的文旅产业资源，文旅集团与区县平台公司合作，通过并购、合资、参股等方式，盘活、做大当地的文旅资源，最终的目标是将这些公司推向资本市场，达到上市的目的。

（十）人才战略建设工程

1. 运用金融工程的原理与方法，结合文旅集团的实际工作情况，通过金融工程的实施，为集团培养出一批既懂金融，又懂实体经济的专业人才。

2. 定期开办文旅企业培训班，为文旅集团（企业）从业人员提供系统化、科学化、专业化的培训课程，提升从业人员的水平。结合武汉大学的优质资源，为文旅企业提供更多的人才，从而促进九江市文旅产业的快速发展。

（十一）内部风险体系建设工程

1. 健全风险管理体系。主要包括规范公司法人治理结构，风险管理职能部门、内部审计部门和法律部门，形成高效运转、有效制衡的约束机制。

2. 建设风险管理文化。可以将风险文化建设融入到企业内部的各个层面，融入到日常工作之中。这样才能使企业的风险文化建设全面、可靠，才会使风险管理具有执行力和效果。

3. 加强风险考核体系建设。集团内部审计部门，应至少每年一次对各个部门和子公司开展风险管理监督评价。此项工作也可以结合年度审计、任期审计或专项审计一并展开。也可以聘请有资质、信誉好的专业团队进行评价并出具风险管理评估报告和建议。

（十二）争取政策支持的相关建议

1. 积极争取九江市政府、国资局的支持，特别是对文旅集团转型升级发展过程中的改制与资产划拨的支持。

2. 梳理现有省市县三级的上市奖励政策，使现有金融奖励政策能够落到实处，为在江西股交中心挂牌的企业提供奖励与持续的辅导。对文旅企业挂牌上市过程中需要提供的资料、办理的手续或行政审批事项，主动服务、特事特办，最大限度缩短办理时间。

3. 积极对接各区县，对其辖内文旅企业的股改、混改、盘活存量文旅资源给予最大力度的支持。

4. 积极对接好市、区（县）二级的金融机构，加强与金融机构的沟通与协商，鼓励各类金融机构根据区（县）文旅企业的需求，设计具有针对性的金融产品。

三、金融工程保障措施

（一）组织领导机制。成立工作领导小组，建议由集团党政一把手

任组长、集团有关部门为成员，负责推动金融创新发展，全面加快九江文旅集团金融工程建设。

（二）科学制定规划。依托武汉大学研究团队，对文旅集团有关部门、下属企业开展调研，制定重点工作方案。

（三）定期召开专题工作会议，落实工作计划，确保金融工程各项措施的贯彻与实施。

（四）建立考核机制。由工作小组办公室每月对任务进展进行跟踪监测，研究分析推进情况和存在的问题，并提出对策建议，确保金融工程实施方案有序推进。

（五）强化培训与宣传。通过召开座谈会、培训会和举办论坛等方式，扩大九江文旅集团金融工程的影响力。

长江金融工程研究院

2019 年 12 月 28 日

附件：

2020 年"九江文旅集团"金融工程重点工作安排表

实施时间	实施内容
2020 年 1 月	制定和讨论金融工程方案
2020 年 2 月	疫情期间，电话联系工作
2020 年 3 月	疫情期间，视频会议开展工作
2020 年 4 月	1.培训工作会议（文旅集团点题）。2.银行、非银行金融机构的对接工作。3.江西股交对接工作
2020 年 5 月	1.区县文旅产业金融对接工作。2.确定拟上市企业清单，从集团及下属企业中培育上市种子企业
2020 年 6 月	推动集团及子公司直接融资与间接融资
2020 年 7 月	1.担保体系建设工作会议。2.金融机构与担保联动工作会议
2020 年 8 月	1.集团培训工作会议。2.集团股改企业融资专题工作会议
2020 年 9 月	产业基金建设工作会议
2020 年 10 月	省市对接专题会议
2020 年 11 月	区县对接专题工作会议
2020 年 12 月	举办文旅产业发展论坛，总结经验，为下一年的金融工程项目做准备

　　从该方案和重点工作安排表中我们不仅可以看到该工程实施的主要内容，而且可以看到 2020 年的整个进度安排。

　　2020 年，武汉暴发新冠肺炎疫情，并且很快波及全国。但是，通过这份材料，大家可以看到，疫情并没有阻挡住我们的工作进程。

　　我们在疫情期间建立了视频工作平台。目前，总体工作正在向前顺利推进。

2020 年 7 月 3 日于珞珈山

江西修水政府融资平台公司金融工程

2019年11月6日，我们在调研的基础上完成了该县融资平台公司金融工程方案。

以下是该方案的内容：

修水县地方政府债务化解及融资平台转型发展建议

近年来，地方融资平台债务风险问题日益显现，规范地方政府举债行为、防范债务风险受到国家的重视和关注。随着新《中华人民共和国预算法》、《关于进一步规范地方政府举债融资行为的通知》（财预〔2017〕50号）等文件相继出台，地方政府融资渠道进一步收窄。如何在新形势下合规解决政府融资难问题，发挥政府职能化解债务危机，持续拉动地方经济发展成为迫在眉睫亟须解决的问题。我们根据十九大报告中"防范化解重大风险"的重要讲话精神和财政部等六部委《关于进一步规范地方政府举债融资行为的通知》的要求，特制定修水县地方政府债务化解及融资平台转型发展方案，具体如下：

一、修水县投融资平台现状

经实地调研，修水县政府财政预算内债务规模约为30亿元，县投融资平台公司债务规模约为70亿元。修水县三大平台公司分别为江西省修水城市投资集团有限公司、修水县投资集团、修水县凤宁建设有限公司。这三大平台公司实际由一套班子运营管理。在中央政府逐步规范对地方政府债务的管理，且监管日益严峻、监管政策逐渐加码的大背景下，修水县委县政府积极谋求投融资平台转型升级，在2018年新注册修水县凤宁建设有限公司，装入有经营性收入的项目和有效优质资产，以增加该公司的资产与现金流。修水县计划在五年内将该公司做大做强，打造成信用评级2A+企业，发行企业债券，打破传统的运用思维，从而打通地方投融资平台融资渠道，并用经营收入置换江西省修水城市投资集团有限公司、修水县投资集团的债务和资产，进一步化解县投融资平台公司债务风险。现阶段修水县凤宁建设有限公司有14家全资子公司，公司业务涉及旅游投资、房地产开发、人文事业、污水处理、基础设施建设、物业和酒店管理、超市经营等，已经取得良好的经济效益，投融资平台转型升级的步伐已经走在全国前列。

二、修水县投融资平台困境成因分析

（一）行政色彩较浓，成本收益倒挂

修水县政府作为所有者和实际控制人的平台公司，在实际运行中存在自身市场化的缺位与越位、制度及规范管理模式的缺失、实体业务及人才布局的空白、运营及资本操作的缺乏等问题。再加上平台公司与修水县政府部分职能的交叉、修水县政府行政色彩较浓等因素，平台公司以政府部门或附属机构的身份自居，与完全市场化的经营实体相去甚远，这就注定了平台公司的盈利性目标让位于社会综合服务，企业文化重民生轻盈利的不足。而社会服务作为一个综合体，其涵盖的项目建设周期长短不一、收益回报多少不等、区域跨度范围不限。很多时候，为满足修水县政府城建融资需求，平台公司以自身名义为周期长、低收益甚至零收益的项目进行融资，缺乏公司自身的预算约束，对成本敏感度不高，客观造成债务与资产的期限错配以及成本与收益的倒挂。

（二）融资渠道单一，投资模式粗放

长期以来，由于修水县政府不具备融资职能，实体经济要求高收益率回报，基建及公益项目因收益率低、期限长而缺乏私人资本的参与等

原因，平台公司处于缓慢生长状态。随着修水县政府城建压力下大规模的投资计划不断上马，平台公司承担了绝大部分融资压力。由于平台公司为县政府出资的国有独资公司，自身缺乏经营自主权，很多项目建设都由县政府直接参与，沿用计划经济的管理模式，重建设和形象，轻经营和管理。为缩短工期和政绩考虑，有些项目甚至缺乏可行性研究分析，平台公司根据县政府指令进行投资，方式简单粗放，短期内可见成效，但缺乏长期经营投资的战略考虑，投资周期长、回报低，束缚了平台公司发展的手脚。

（三）资产质量欠佳，负债高企不下

修水县平台公司是以城乡基建为出发点成立的。平台公司经营性资产实际占比很小，经营性现金流产生缓慢，自身造血功能匮乏，缺乏持续经营的动力和对企业长期经营的战略考虑。大多数时候，平台公司依靠政府信用背书的支持，为完成政治任务，甚至不惜成本与收益的倒挂以取得融资，在增加县政府债务的同时，也为平台公司转型埋下隐患。而市场投资者出于对平台公司借助修水县政府信用的信任，较少关注平台公司的信用，县政府担保为平台公司融资"开绿灯"，助推平台公司债务高筑，资产负债率大幅攀升，已有超过财务风险警戒线之势，造成资产质量每况愈下，偿债困难。

（四）顶层设计缺失，相关制度执行不力

作为国家投融资体制改革及中央、地方财权不匹配的产物，平台公司的转型需要从根本上改变中央、地方财权失衡状态，否则政府与平台公司很难真正隔离，所谓的平台公司转型注定是流于形式。而中央、地方财权失衡状态的改变，离不开制度的支持，需要从顶层制度的设计进行统筹考虑。从国家层面来讲需要出台相关法律和行政法规，通过进一步深化投融资体制改革来平衡中央与地方政府的财权，保障地方政府的财权，从根本上真正剥离平台公司的政府融资职能，切断政府与平台公司的利益往来；从地方层面来讲，平台公司的转型离不开地方政府的积极参与。

三、修水县投融资平台转型发展的主要措施与建议

（一）制定实施措施，完善措施内容

进一步通过举办座谈会或实地考察的形式，配合武汉大学团队进行调研工作，包括九江市修水县的经济发展、金融、产业、企业、城市建设及融资平台详细状况等情况；在调研基础上形成九江市修水县地方政府债务化解及融资平台转型发展方案的初步建议，并组织相关部门和机构进行论证，完成九江市修水县地方政府债务化解及融资平台转型发展建议。

（二）坚持政企分开，找准定位进行转型

平台公司应进一步明确职能，划清债务关系，将主要承担县政府职能项目业务和融资任务的企业转变为遵循市场化、多元化和现代化操作的企业，也要强化预算约束和项目管理，建立全面的预算约束制度和投融资决策机制，实现决策的科学合理、规范民主，确保资金和资金链的安全。实现战略性的转型应注重两方面：一方面是实现治理结构和运营模式的转型，由政府主导的治理结构向政府和市场共同治理的模式转变，充分发挥市场主体的作用，给予融资平台自主经营权，形成"地方政府所有、融资平台经营、市场主体主导"的治理结构和运营模式。另一方面是实现经营多元化业务的转型，由以非经营性业务为主的模式向经营性业务和非经营性业务共同发展的模式转变，利用融资平台公共资源扩宽经营领域和业务范围，实现自我造血的能力，减轻地方政府的债务负担。

（三）引导企业股改，完善税收体制，优化财政支出结构

为降低地方政府对平台公司融资工具的依存度，需增加地方政府财政收入，丰富地方政府财政收入的来源。可以引导平台公司及县内重点培养的企业进行股份制改造，规范企业的经营行为增加税收的同时，培养企业走资本市场道路的意识；也可以强化征管，打击偷税漏税行为，确保依法征管，将经济增长的成效体现到财政增收上来；还可以开源节流，控制财政支出总量，优化财政支出结构。

（四）平台项目"分类管理，区别介入"

对于新增的项目融资需求，按其是否具有公益性，可以分为经营

性、准经营性和非经营性项目，不同的经营性质业务模式和赢利能力不同，县政府可以对平台公司实行"分类管理，区别介入"的管理模式。经营性项目有足够的投资收入，可以覆盖经营成本，实现盈利。对于此类项目，融资平台应该引入社会资本，县政府放权融资平台自主经营，收益归属融资平台，使得平台公司具有市场资源配置能力、公司经营管理竞争力和自身发展的积极性。准经营性项目有一定的投资收入，但不足以覆盖经营成本，对于此类项目地方政府应给予一定的优惠政策，实行利润分成的机制，能确保项目正常运行又不缺乏对平台公司的激励。非经营性项目属于完全公益性项目，应理顺并以制度或书面合同方式明确平台公司与政府之间的项目投资回报机制，并完善相关手续，也可以通过其他相应的政策资源弥补融资平台公司的损失。通过资产的分类管理，增强资产的流动性，使资产提质增效，增强造血功能。最后，用经营性资产反哺公用事业和置换政府债务与资产，实现经营与公益的良性互动，在推动平台公司发展的同时，化解前期政府的债务风险，实现县域经济稳健可持续发展。

（五）清点平台资产，积极推进资产证券化融资

积极推进资产证券化融资模式。平台公司与县政府之间存在的应收账款、承揽的基础设施建设未来的稳定资金收入，都是资产证券化最好的基础资产。以未来的现金流收入作为信用支撑，应收账款、保障房、水电工程、垃圾处理、公路过路费等可以打包通过资产证券化融资。资产证券化将部分体量较大和流动性较差的资产转化成金融商品流动到市场上，有利于盘活存量资产的流动性，提高其经营效率，解决资产支出和收益的期限错配；资产证券化的信用等级比其他长期信用工具高，可以降低融资成本；资产证券化还可以将风险分散给投资者，从而降低债务风险。

（六）金融产品创新，拓宽融资渠道

利用金融衍生品的创新，拓宽融资渠道。平台公司可以通过多种基金融资，如产业发展基金、股权投资基金等，利用杠杆使用少量的资金筹集项目资金，缓解资金缺口；也可以通过股权融资，如公司上市、私

募股权投资等，重新选择战略合作伙伴，不断壮大公司的实力；还可以通过债权融资、PP、建设—经营—转让（BOT）、移交经营—移交（TOT）等模式进行融资，提供多元化的融资渠道，提高债务风险承担能力。

（七）用政府债券进行债务置换

针对县平台公司现存的存量债务负担、负债结构不合理等问题，县政府可充分利用目前的政策红利，合理利用政府信用优势，运用县政府债券的低成本优势，对现有高成本负债进行置换，降低债务风险，缩小债务压力，优化期限结构，与此同时，能够保证县域基础设施建设资金的充足，加强县政府扶持经济发展的服务职能，提升县政府的信用和社会形象，为今后县域经济的发展奠定坚实的基础。

（八）进一步装入有效资产，开拓多元化的盈利业务

平台公司应积极拓展多元化的盈利业务，进一步开展贸易、基金、服务、物业、房地产开发等业务，主打实体经济。例如开展土地整理储备和一级开发工作，获取土地净收益；积极利用政府和社会资本合作模式，参与公共服务、基础设施类项目建设与运营，在开展棚户区改造时，配套开发商业性地产和住宅项目，以盈利性项目弥补资金缺口；通过委托代建、购买服务等方式承接公益性项目建设，将形成的应收账款作为资产证券化标的进行融资，缓解资金链压力；通过赋予公司污水处理厂、道路养护、高速广告牌、绿化养护、公园停车位等特许经营权，获得现金收入；利用闲置资金适当投资风险小、流动性强、期限短的货币市场工具，合理获得投资收益。对投融资系统内部拆解资金，收取拆借利息；积极成立财务公司，参股农商银行、九江银行等金融机构，利用优质股权获取稳定的现金收入；尝试以国有资本运营公司建立过桥资金池、风险补偿基金，这样既能解决中小企业融资难、融资贵的问题，又可增加公司收益。

（九）参与基金投资，增强再融资能力

产业基金可以充分发挥财政资金的引导和撬动作用，带动更多社会资本参与，降低县政府的整体融资成本，也有利于促进培育重点产业发展，例如重大招商引资项目、特色产业对外贸易等。参与基金投资的

基本思路是，坚持政府管投资领域和投资方向、运行框架设计、投资评价，由市场化运营的基金管理公司管募集、投资决策、投后管理、投资退出。同时，县政府的产业政策、土地政策、财政政策、税收政策应该聚焦于县政府产业投资基金设定的投资领域内的企业，形成政府与基金支持的合力。县政府将财政拨款资金进行有效整合后，通过集中出资并向社会募集资金，以少量资金撬动更多的社会资本投入，有利于缓解县域财政资金不足、县域市场融资效率不高、融资渠道单一、大量资金没有出路，以及间接融资风险过高等矛盾。平台公司通过参与产业基金的方式，一方面可以充分化解存量债务，有效降低资产负债率，提供大量流动性资金；另一方面在控制自身负债的同时，也能增强县政府再融资能力。

（十）打开直接融资渠道，低成本长期融资

随着资本市场的逐步发展完善，股票、债券等直接融资产品成为重要的融资渠道。相对于银行贷款、信托、融资租赁等间接融资方式，直接融资产品有着融资成本低、融资期限相对较长的优势。因此平台公司若想发展壮大，走多层次资本市场是必然的道路。平台公司股份制改造完成后，可通过江西股权托管交易中心发行可转债，直接降低平台公司的融资成本；还可在江西股权托管交易中心进行股权质押融资。股权质押融资主要是以取得现金为目的。平台公司通过股权质押融资取得的资金通常用来弥补流动资金不足，最终通过谋划公司IPO，扩大资本支配范围，促进公司扩大经营、获取收益，进而化解平台公司的债务风险。

（十一）构建担保运行机制

建议完善担保公司运行体系并独立运行，因为独立运行的财政出资担保体系具有更大的业务担保范围。再通过省级市担保平台与县内担保公司之间开展联合担保、再担保等多种形式的合作。这样一方面可以进一步增强县内担保公司的担保能力；另一方面可以有效分散县担保公司的风险，在发生代偿时，按比例承担责任，有效减轻县担保公司的损失，从而提高县担保公司开展担保业务的积极性，加大对县内企业和产业的支持力度。同时，省市级担保平台还可以对县级担保公司的业务规范、操作程序、风险控制等进行有效管理，这样有利于整合资源，实现担保机构在资金、人、管理经验等方面的共享与合作；有利于减少政府的行政干预；有利于促进担保公司朝着更加规范、高效的方向发展。

（十二）健全考核体系，促进良性发展

需要对平台公司转型进行考核与监督。缺乏考核与监督的转型，轻者可能造成资源的浪费，重者可能造成对国有资产的侵蚀。对平台转型的运营发展情况进行客观、综合、系统的考核，既是外部社会监督手段的需要，也是平台良性发展的内部机理所需。只有建立健全对平台转型的考核体系，才能引导平台科学转型和良性发展。首先，要根据修水县平台公司实际涉及的行业、市场化程度、资源禀赋、县域经济发展阶段的特殊属性，分门别类进行规划。其次，对不同类别的平台公司，应设定相应的考核指标要素，对各要素设定相应指标和赋值，明确各要素权重和测算方式，并根据县域经济发展形势及平台公司自身发展的变化适时调整指标要素及其权重。再次，要根据指标要素测算结果进行对标，对平台公司转型后的效果进行评估。通过对平台公司考核体系的构建，对平台公司转型进行综合客观考核，并根据考核结果对平台公司转型进程进行适时纠偏与调整，以促进平台公司的良性发展，进而助力修水县经济的发展。

长江金融工程研究院

2019 年 11 月 6 日

该县在政府投融资平台公司的改革机制和创新方向，有自己鲜明的特色，有很多做法值得其他地区的县域平台公司学习和借鉴。

我记得有一次在该县调研时，分管金融的县长告诉我，现在全县将所有的基础经营权集中在平台公司，使平台公司的经营现状大大改善。

像这样的做法还有很多很多，我们将会将其进一步予以总结和提炼。

2020 年 7 月 7 日于珞珈山

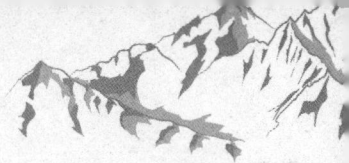

江西永修投资集团金融工程

2019 年 10 月 25 日，我们完成了江西省九江市永修县投资金融平台公司的金融工程创新方案。2019 年 11 月 12 日，我们又赴该县调研座谈，对该方案作了进一步的完善。

以下是修改后的实施方案内容：

永修投资集团转型升级实施方案

按照县域金融工程工作部署，为进一步激发国有资产活力，推动投资集团市场化运作，提高其融资服务水平，结合永修县实际情况，制定如下方案。

一、总体要求

深入贯彻党的十八大、十九大和县委十四届八次全会精神，提升系统思维和全局观念，坚持发展项目化、产业集聚化、建设景区化、服务信息化，聚焦经营范围拓展和运营效率提升，推进绩效考核，建立健全内控制度。坚决打好防范化解重大风险攻坚战，严控政府隐性债务，牢牢守住不发生系统性金融风险的底线。

二、工作目标

（一）投资集团体制改革，实现投资集团市场化运作，完成国有资产重组，实现政企分开、投资集团市场化转型。

（二）划分资产负债界限，理顺政府与平台公司之间的关系。

（三）拓宽融资渠道，化解当前债务困境。

（四）规范投资集团管理，促进投资集团战略转型。

三、基本原则

——效益优先，导向正确。坚持国有经济主体地位，正确处理社会效益和经济效益、社会价值和市场价值的关系。坚持把社会效益放在首位，实现社会效益和经济效益相统一、近期效益和长远效益相统一，为推动全县经济社会实现高质量跨越式发展提供资金保障和项目建设服务。

——集聚要素，增收节支。激发各子公司的市场活力和内生动力，引导资产等各种资源要素在市场机制作用下集聚发展；积极借助外脑，不断创新企业运营管理模式；拓宽盈利收益渠道，节约成本开支，提高要素的配置水平和利用效率。市场运作，融资投资。严格遵循市场经济规律，科学谋划项目融资投资建设方案。对于投资集团代建的政府公益性项目，应结合项目周边土地出让收益安排还本付息；对于投资集团实施的半公益性和市场化项目，应科学运营，使用项目收益还本付息。

——规范运营，严控风险。完善法人治理结构，规范党委、董事会、监事会和经营管理层的职责权限，形成决策、经营、监督相互协调的公司治理体系。落实"两个责任"，加强廉政建设，狠抓制度建设，以考核为手段，确保责任落实，切实把党风廉政建设贯穿于各项经营管理过程之中，与各项经济指标相结合，确保干成事、不出事。

四、集团转型升级具体措施

（一）明确定位

集团公司主要职责：1. 围绕县委、县政府决策部署开展工作；2. 接受县国资局的监管和考核。对集团事务进行决策，特定事项根据规定向县委、县政府进行汇报；3. 对各子公司进行管理和考核；4. 公司章程及《公司法》等相关法律法规赋予的其他职责。

综合考虑项目建设要求、企业资源禀赋、经营管理能力等各方面因素，明确各子公司的功能定位，不断壮大自身实力，逐步建设成为功

能齐全、运营规范的综合性投融资平台，形成良性分工合作关系，避免同质化竞争，防止低水平重复建设和资源浪费，为全县重大基础设施建设、产业发展等政策性项目提供优质的投融资服务。城投公司应致力于建设经营宜居宜业美丽城市；工投公司应致力于服务工业园区产业升级；农旅投公司应致力于发展壮大农业、旅游产业；教投公司应致力于职教园区建设；吴投公司应致力于吴城候鸟小镇开发建设。

（二）管理去行政化。理顺人事管理关系，加强集团管控。科学合理地确定集团及各子公司年度经营目标，实行经营责任制考核。

（三）摸清资产底数。由县国资局牵头，对全县国有资产进行清产核资，切实做到账实相符，全面掌握国有资产状况。公益性资产单位，要确保国有资产不流失、不减损；经营性资产单位，要确保国有资产保值增值，并在城市建设和民生、公益性建设项目实施中发挥积极作用。国有资产经营和管理单位，每年向政府提交年度经营管理报告，并由财政局牵头组织一次年度审计。

（四）优化重组。国资局牵头，将全县经营性国有资产注入投资集团，将公益性资产剥离投资集团，不断提高投资集团的融资能力。投资集团要明确集团公司与其子公司的产权关系，通过机构设置使得子公司成为各经营项目的执行部门；集团内部设立投融资部门，将财务管理部改为财务审计部；对下属各平台公司进行梳理，将金投公司业务整合归并至集团投融资部，注销一批空壳公司；完善企业法人治理结构，聘请专业机构提升投资集团内控管理，形成科学的组织管理制度；制定人员薪酬方案，聘请管理、会计、金融、法律等方面的专业人才，提升投资集团运营能力。

（五）推进平台转型。实现投资集团市场化、规范化、专业化发展。从依靠土地融资的企业转型为以经营运作项目为目的的现代企业，从政企不分的企业转型为能够独立作出项目投融资决策的企业。市场化和专业化的投融资行为是衡量投资集团转型的重要标志，也是投资集团从行政化走向市场化的必经之路，实现由单"土地运作"到"土地开发＋产业运营＋资本运营"的市场化运作模式的转变。投资集团实行独立经营，自负盈亏，市场化运作，紧紧围绕全县战略布局，强化"资本＋产业"模式运作，大力"引资、引企、引产、引智"，通过并购重组、资源整合、股权投资等方式，推动县政府规划项目落地实施和县域企业发展壮大。

（六）加快政府投融资集团股份制改造工作。由县国资局牵头，主导集团股份制改造工作。资本运作是平台公司成功转型升级的加速器。可对各投资集团子公司实行股份制改造，通过混合所有制改革、股权质押融资等方式积极拓展企业融资渠道（如发行企业专项债），优化企业财务结构，引入市场化业务管理体系，全面增强企业综合素质水平，构建核心竞争力。资本化运作不仅能连接企业内部资源与外部资金，全面推进企业内部市场化变革，而且短时间内能为企业发展补偿重要的资金支持。

（七）成立担保公司。在投资集团内成立担保公司，运用担保的增信和分险功能，使其成为政府服务产业发展的政策工具，将政府性担保机构打造成支持实体经济发展的增信器和维持金融安全的稳定器。增强县域担保机构的信用能力，分散项目经营风险，规范和提升担保行业的整体运作水平，以缓解投融资集团及县域企业融资难、融资贵的问题。

（八）加强财务管控。建立健全内部财务管理制度，规范财务行为；实行财务总监委派制，加强会计监督功能；科学合理地编制预算（包括政府项目预算、自营项目预算、还本付息预算、机关经费预算）；进一步加强资金的统一集中管理和调度，提高资金的使用效率，确保生产经营活动的正常进行。

（九）明确债务关系。企业债务归投资集团管理，政府隐性债务归财政管理。县政府划拨有效资产归投资集团，补足隐性债务余额。

（十）大力实施经营性项目建设。增强投资集团赢利和偿债能力，投资集团转型后，对接多层次资本市场，充分利用各类金融工具进行融资，建设棚改安置房、投资运营PP项目、医养结合一体化项目和政府

谋划的重点项目；加强与域外银行、保险、基金、证券、信托、金融租赁、融资担保等机构的合作，撬动社会资本和资金，支持永修城市建设和县域企业发展。

（十一）鼓励投融资集团发行可转债。投融资集团股份制改造完成后，可在江西股权托管交易中心发行可转债。发行可转债可直接降低集团的融资成本。

（十二）鼓励投资集团进行股权质押融资。投融资集团股份制改造完成后，可在江西股权托管交易中心进行股权质押融资。股权质押融资主要是以取得现金为目的，集团公司通过股权质押融资取得的资金通常用来弥补流动资金不足。

（十三）发挥融资担保功能。投融资集团转型后，加快内部资源整合，盘活担保死滞资金，成立担保公司，提高融资担保能力。通过资产优化，加强与工、农、中、建、邮等银行机构的合作，为县政府挑出的优质股改企业提供融资担保和转贷周转资金。

（十四）加大产业投资基金投放力度。围绕县域主导产业等重点领域，广泛对接金融市场资源，与知名管理团队和机构投资者合作，以市场化运作方式，吸引社会资本聚集，为产业项目和企业发展提供全链条融资支持，着力破解融资难的问题。

（十五）重组上市。对县域企业进行以"并购重组"为主题的培训，拓宽企业经营思路。着力推动盘活存量资产的并购，充分发挥上市公司的资源整合能力，兼并重组省内低效和经营困难企业，以资本、产业优势盘活存量有效资产，参与"僵尸企业"出清。通过重组、买壳、混改等形式推动企业上市，促进县域产业发展。

五、工作要求

（一）加强组织领导。县政府成立专项工作组，由县国资局牵头负责；各项工作的责任单位中第一个单位为具体负责单位，其他为配合单位，加快投资集团市场化转型，全面提升政府性融资平台功能。

（二）强化推进机制。县政府成立国有资本运营领导小组，加强对投资集团各项事务的指导；县国资局牵头建立国有资产管理联席会议制度，定期组织有关单位研究解决工作推进中遇到的困难和问题。重大问题及时上报县国有资本运营领导小组研究决定。

（三）依法合规管理。县国资局依据相关法律法规，结合永修实际，完善国有资产保值增值、国有公司监督管理等制度，制定目标奖惩制度，并负责督导落实，充分发挥政府性融资平台的融资功能，全力推动城市建设和县域经济发展。根据完成经营性目标任务情况，县政府按规定对有关人员进行奖惩。

长江金融工程研究院

2019 年 10 月 25 日

在永修实施平台公司金融工程的过程中，我们感觉到有一个难点，那就是政企关系问题。国资企业改革的关键就是要解决这个难题，就是要解决过去存在的政企不分问题，就是要将企业从一个事业单位变成一个企业单位。政府是出资人，企业是经营者。企业负责日常经营活动。政企不分的问题不解决，后面的措施很难真正实施。

有的问题即使从表面上看起来，政企划分划开了。但是实质问题并没有解决，国资企业的权利仍然没有说清楚。这种改革是表面的，还需要花大气力，下真功夫。

2020 年 7 月 7 日于珞珈山

第十章 贵州黔南独山县国资倍增行动

为什么在贵州我们要以独山县作为突破口？

因为该县由于负面报道上了《焦点访谈》，成了"网红县"。它的财政收入不到 10 亿元，债务总额却达到 400 亿元以上！该县的情况引起了习近平总书记的高度关注和牵挂！

如何突围？

其一，国资倍增，扩大其融资能力！

其二，企业股改上市，深化其产融结合！

其三，乡村资产公司设立，农业资源资产化、资金化和产业化！

独山不仅可以化解债务风险，而且可以在控制金融风险的前提下，走出一条崭新的发展道路！

独山县化解风险再出发

2021年6月7日至11日，武汉大学经济管理学院为贵州黔南举办了为期五天的金融管理培训班。培训对象有中国建设银行贵州分行的中、高层管理人员，贵州地方政府分管金融的县长、金融办的主任或副主任、政府平台公司的总经理或副总经理，共计60人左右。

受该培训班的邀请，我在培训班上作了关于"运用金融工程推动地区经济发展"的专题报告。

课下，独山县的领导找到我，希望我们能够作一次关于县域金融工作的专题座谈。我答应了。

6月11日下午，座谈会在长江金融工程研究院如约进行。

独山县的领导介绍了该县的基本情况，强调了目前在债务化解方面存在的巨大压力，并诚恳地希望我们武汉大学研究团队能为独山县的债务化解和经济发展出谋划策。

我让助手为座谈会的每一个参与者打印了一份网上的报道。

"贵州独山县负债400亿，造价2亿建筑景观已成烂尾楼！回应：整改！"

这是网上公开报道的独山县的负债数额。

该县是否具有偿还这些债务的能力呢？

我又让助手将该县2021年3月2日在县十七届人民代表大会第六次会议上的政府工作报告调了出来。

我们看到了这样一段文字："我们坚持发展为重，地区资产总值由2015年的62亿元增长到129.41亿，年均增长9.6%；规模工业增长值34.3亿元，年均增长10.9%；固定增长投资83.9亿元，年均增长7.8%；社会消费品零售总额54亿元，年均增长27%；财政总收入7.2亿元，一般公共预算收入4.1亿元；城乡居民人均收入分别达了34889元、12724元，年均增长8.5%、10.2%，高质量发展迈出新步伐。"

这是该县政府工作报告中对于2020年工作的回顾部分。

我们询问该县领导："您打算用多少年来还清这400亿元的债务呢？"

该县领导回复："我们准备用15年左右的时间来还清这400亿的债务。"

我们在想，按照该县目前的情况，15年能够还清吗？

400亿的债务，15年还清就意味着每年需要偿还30亿左右。该县每年还需要有10亿左右的财政收入保运转。这就意味着该县每年要有40亿左右的财政收入来保运转和保还债。

目前该县财政收入与GDP之间的比例，在10%左右。这就意味着40亿的财政收入需要有400亿左右的GDP。但该县目前仅有100亿左右的GDP，这可差远了呢！

也许有人会说，还有土地财政呢！但是像独山县这样的山区贫困县，土地现在已经很难卖出价钱来了。土地财政已经无能为力了。

还有人会说，不是还有平台公司吗？独山县的领导告诉我：这些资产所能产生的现金流几乎为零。这就意味着目前的平台公司已经不具备偿还能力了。

这每年40亿的财政收入从何而来？这就是独山县金融风险化解问题。解决了这个问题，也就解决独山县几乎所有的问题了！

独山县的领导看着我的眼睛，我意识到他那询问的眼光在问我："你们能够解决这个问题吗？"

我信心十足地告诉他："能，我们一定能！"

2021年6月16日于珞珈山

面对独山我们说

面对独山县领导询问的目光，我们坚定地回答：我们能！

为什么？

因为面对独山的问题，我们已经具有自己深切的思考。这些思考形成了我们用来解决独山问题的思维方式。思维方式决定问题解决的出路。

我们将这种思维方式总结为独山金融中工程哲学十五大关系，或者称之为十五个基本问题。

1. 稳与进。即稳中求进。

2. 长期与短期。短期是风险化解，长期则是经济发展。

3. 财政与金融。我们是要用金融来解决财政问题。

4. 存量与流量。我们运用的是存量分析法。我们要用存量来解决流量的问题。

5. 资产与负债。资产与负债可以互相促进。

6. 直接金融与间接金融。直接金融是短板，是突破口。

7. 政府与市场。政府的有形之手与市场的无形之手必须有机结合。

8. 创新与风控。两手须一起抓。但独山的问题在于过去创新有余而风控不足。

9. 产业与金融。金融解决钱从哪里来的问题，产业解决钱往哪里去的问题。产融结合就意味着这两个问题一起抓了。

10. 城市与乡村。城乡实现一体化，这就是二元经济变成一元经济了。欠发达地区就变成发达地区了。

11. 企业与农户。乡村振兴的重要性就在于以企业带农户。

12. 所有权与经营权。股份制就很好地解决了所有权与经营权的分离问题。

13. 科技与金融。科技的力量就在于降低了产品的成本并且提高了产品的质量。这就为创造套利提供了前提，金融即可以长驱直入了。

14. 内循环与外循环。这是中国经济发展的两个车轮，二轮驱动，而不是一轮驱动。

15. 内资与外资。二者完全可以打通。内资为本，外资为用，二者体用合一。

不要小看这十五条。有了这十五条，我们对于解决独山县 40 亿财政收入就有充足的底气了。

至于如何运用这十五大关系来制定独山县的金融工程方案和化解独山县的债务风险问题，那只不过是一个路径问题了。

2021 年 6 月 16 日于珞珈山

独山"债务处方"

如何化解独山债务？

这个问题最近一直在我的脑海中萦绕。

早晨从床上醒来，首先想到的是这个问题。独山县昨天给我发来了微信，告诉我，县委书记已经签批了由该县赴武大学习小组提供的一份申请。该申请要求邀请我们武汉大学研究团队赴独山县调研。我们必须在赴独山县之前搞清基本思路。

怎么办呢？我在想。

1. 用长期发展解决短期债务风险化解问题。短期的风险压力很大，但不能仅就还债谈还债。根本出路在于发展。

2. 用乡村振兴倒逼经济发展。我们这回要出奇招，即通过解决乡村振兴问题来解决发展问题。我们会运用我们已经在前期研究中探索出来的"三套车"模式提供经济发展的资金供给。

3. 用产业化拉动资产化和资金化。产业金融工程和乡村振兴金融工程必须体现产业化。资产化和资金化的重头戏在政府平台公司。

我相信，有了这三条基本思路，独山县的债务化解一定会获得重大突破。

1. 政府平台公司升级金融工程。解决钱从哪里来的问题。

2. 产业升级金融工程。解决钱往哪里去的问题。

3.乡村振兴升级金融工程。进一步解决钱从哪里来和钱往哪里去的问题。

4.债务风险化解工程。从根本上解决钱的风险如何控制的问题。

这四个"突破口"就是我们解决独山县问题的"四板斧"。"四板斧"可解决"三问",即钱从哪里来,钱到哪里去和风险如何控制这三个根本问题。

独山啊,我来了,我们来了!我们挥舞着"四板斧"来了!

2021年6月22日于珞珈山

独山之行

我的面前摆放着一份独山县邀请我们考察调研的接待方案。

关于武汉大学叶永刚教授一行赴独山
开展考察调研接待方案

武汉大学教授、博导，长江金融工程研究院院长叶永刚同志一行2人将于2021年7月28日赴独山县开展考察调研指导活动。为确保考察调研工作有序推进，特制定接待方案。

一、调研时间

2021年7月28日至30日（共三天）。

二、调研人员

叶永刚　武汉大学教授、博导，长江金融工程研究院院长

叶　非　长江金融工程研究院院长助理、协同部部长

三、调研内容

1.实地调研产业项目；

2.召开专题座谈会；

3.会见县委、县政府主要领导。

四、行程安排

7月28日（星期三）

10：00 调研组一行从武汉市乘飞机前往贵阳市龙洞堡机场（时间：120分钟）

12：00 调研组抵达贵阳市龙洞堡机场

12：20 调研组乘车前往独山县（时间：120分钟）

14：20—18：30 实地考察调研净心谷、深河桥、两河口、拉然小镇

19：00 餐叙

20：00 抵达建溢国际酒店办理入住

7月29日（星期四）

7：20—8：20 在酒店吃早餐

8：30—12：00 实地调研基场镇（神仙洞、恒圣丝绸）麻尾镇产业项目

12：00—13：00 中餐（麻尾镇）

14：30—18：00 实地考察麻尾镇、上司镇（长寿湖）、经开区产业项目

19：00 餐叙

7月30日（星期五）

7：20—8：20 在酒店吃早餐

9：00—11：00 召开专题座谈会

（一）会议地点：县会议中心××会议室

（二）参会单位：涉及金融经济的职能部门、三大平台公司有代表性的民营企业、县金融机构（含担保公司）、乡村振兴试点乡镇

（三）会议主持：县委副书记郑伯金

（四）会议议程

1. 介绍双方参会人员。

2. 县金融办介绍独山经济金融发展情况及存在困难和下一步设想

3. 座谈交流（围绕独山金融运行、债务管理、乡村振兴、产业发展等工作开展座谈交流）。

4. 郑伯金副书记讲话。

5.叶永刚教授讲话。

11：00—12：00会见县委、县政府主要领导

（一）会见地点：县会议中心××会议室

（二）参加人员：犹永凯　王裕民　李庆红　郑伯金　龚传书　阳益珍　罗家琼

（三）会见主持：郑伯金

（四）会见议程

1.介绍双方参会人员。

2.叶永刚教授反馈近两天的考察调研体会，并对独山债务管理、金融助推高质量发展提出建议意见。

3.座谈交流（围绕独山金融运行、债务管理、乡村振兴、产业发展等工作开展座谈交流，并就下一步合作方向及内容进行商议）。

4.王裕民县长讲话。

5.犹永凯书记讲话。

12：00餐叙

13：00返回武汉

五、工作要求

1.县委办公室：负责统筹整个接待工作。一是制定接待方案。二是通知县陪同人员准时参加接待及座谈会。三是牵头做好座谈会会务相关工作。

2.县乡村振兴局、县金融业发展服务中心：负责起草我县乡村振兴、金融运行、债务管理工作开展情况相关汇报材料。

3.麻尾工业园区（麻尾镇）、百泉镇、影山镇：一是具体负责调研点相关准备工作。二是负责做好辖区内环境卫生。

4.县机关事务服务中心：一是做好调研组在独山调研学习期间的午餐、晚餐安排。二是协助做好座谈会会场布置及会务服务工作。

中共独山县委办公室

2021年7月×日

2021 年 7 月 28 日，我们按照这个方案开始了在独山县为期三天的调研考察。

当天我们到达独山县之后，碰巧贵州省分管金融的副省长谭炯同志在这里召开关于金融工作的专题会议。

谭副省长接见了我们。我们向他汇报了整个工作的安排与打算，并希望得到他的大力支持。

他认真听取了我们的汇报之后，不仅对我们的工作高度认同，而且找来了贵州省金融副局长叶凯同志，让他专门来对接和协助相关事宜。

接下来，我们飞速开展了独山县的调研活动。

按照县委县政府的安排，我们在调研的第三天上午，在县政府召开了县域金融工程的专题座谈会。

大家在座谈会上进行了热烈而又充分的讨论。

在大家讨论之后，我做了一个小结性的发言。

我在发言中强调了以下几点：

1. 我们非常感激县委县政府对此次调研的高度重视并为这次活动所进行的十分周到的安排。

2. 这次调研使我们深受教育。我们尽管看到了独山县所面临的困难和问题，但是我们更多感受到的还是独山县委县政府和全体独山县人民所取得的伟大业绩，更多感受到的是独山县的资源优势和前景。

3. 这次调研使我们进一步明确了独山县债务风险化解运用金融工程驱动经济高质量的路径选择。

我们下一步可以从四个方向进行突破：

其一，制定隐性债务风险化解方案。其基本的指导思想是将长期发展与短期债务偿还相结合。短期可以通过省政府的担保平台来稀释。长期可通过发展产业并扩大税源来解决。

其二，政府平台公司金融工程。我们可以通过资产规模倍增行动计划来扩大国企的资产规模，提升其信用评级，从而扩大其融资规模。

其三，主导产业金融工程。我们的主要措施是企业股改和企业上市。

其四，乡村振兴金融工程。我们的主要措施是设立乡村资产经营管理公司。

这就是我们在来独山县之前的基本构想。这次独山之行进一步证实了我们构想的可行性，这也就是我们解决独山问题的"四板斧"。这"四板斧"砍下来了，所谓独山模式就形成了。

有一位参会者的话语在我的耳边久久回响："这次座谈会让我们对独山县的债务化解和经济发展看到了新的希望。"

这种话语，不仅是对我和武汉大学研究团队的高度认同，而且也是对我们极大的鞭策和鼓励啊！

会议结束后，县委县政府领导和我们一起商量了下一步的工作布置和安排。

独山有个黔旺食品公司

从独山县回到武汉大学后，独山县有一家叫作黔旺食品公司的董事长齐兴美给我打来了电话。她告诉我，听说我将带领团队来独山县实施金融工程，她非常高兴。希望我能够关注他们黔望公司，并支持他们走资本市场的道路。

我一听，高兴极了！

我这次到独山县，由县领导安排，专门去了一趟该公司。当时该公司齐兴美董事长不在公司，由公司其他领导接待了我们。

我看到了这家公司崭新的厂房和宿舍楼，看到了厂房中整洁的生产车间，看到他们别具特色的农业产品。顿时，我对该企业的兴趣大增。

在该公司我与管理层进行了亲切的交谈。

我问他们："你们最近有什么新的打算？"

他们端出了一款最近刚开发出来的新产品，叫作"则耳根脆片"，让我品尝。

则耳根对我来说并不陌生。这是一种在山坡上普遍生长的野菜，它的名字也叫鱼腥草，有着一种奇异的鱼腥味。人们喜欢将这种野草及其根茎作为凉菜。这种野草不仅能够食用，而且是一味极具药用价值的中草药。几乎所有的疾病都可选用其注射剂作为消炎药。

眼前我看到的却是该公司将其制成了休闲食品，不仅没有了那种腥

味，而且有了香味，吃起来酥响松脆。

我继续问他们："保鲜期可以有多久？"他们告诉我："可达半年之久。"

我紧追不放，再问他们："你们能否整村承包作为生产基地？"

他们爽快地回答："没问题。我们正准备这么干！"

从独山县回到武汉大学后，我向研究团队的其他老师介绍了黔旺公司的情况。大家都说，"这家公司和他们的产品都很好，完全可以作为第一家上市公司来培养！"

接下来，我在百度上搜索到了这家公司。原来这是一家经营得很不错的企业。他们的领导人齐兴美董事长带领着该企业在扶贫路上创造了不少辉煌业绩！这更增加了我们将该企业作为独山县企业上市培育突破口的信心。

推动这家企业上市不仅可以带动一批企业走资本市场道路，而且我们在乡村振兴金融工程方向同样可以实现突破。

黔旺公司能够带动一个村，我们就可以建设该村的资产运营管理公司并实现其资产化、资金化和产业化！这岂不是一箭双雕！

就这样干！我又一次拨通了齐兴美董事长的电话，让她下星期一上班就找县政府相关部门的领导汇报。接下来我们就可以开展下一步的工作了！

2021 年 8 月 1 日于珞珈山

独山有个黔旺食品公司

第十一章 青海省国资倍增行动

在壮美的青海湖畔，看着辽阔的湖面，仰望着蓝天中飘浮着的朵朵白云，远眺着水天深处连绵的青山，我们仿佛在倾听着一部震撼人心的交响乐……

可是，当看见山水之间的那一幢烂尾楼时，我们仿佛在交响乐中听见了不和谐音，甚至是一种噪音……

这座叫作"南山酒店"的烂尾楼是当地政府平台公司隐性债务的一个缩影。我们的金融工程、我们的国资倍增行动，就是要让这样的事情不再发生。

南山酒店不"南山"

2021年7月23日，我参加了青海省"金融支持青海高质量发展座谈会"。我受邀在大会上作了"金融工程推动下的青海经济高质量发展"的主旨报告。

2021年7月24日，青海股交中心的朋友们，邀请我和武汉股交中心的龚波董事长及湖北省金融局领导一行，调研青海湖风景区的建设与发展。

这是我第三次去青海湖。青海湖的风景依旧迷人，水天一色、游人如织。

主人告诉我们，新冠肺炎疫情期间，这里受到很大影响，几乎没有游人。景区连门票收入都没有了。景区由财政统收统支，出现严重亏损。

看着眼前熙熙攘攘的游人，主人说这下可好了，今天这里的日子又好起来了。

青海湖真可谓大美！周围是起伏连绵的祁连山，湖中有万顷碧波。群山和湖水之间，有着一望无际的草原。草原上开满了鲜花。游人们在鲜花丛中嬉戏和拍照。鸟儿在人们的头顶上唱着美妙的欢歌。洁白的云朵在蓝天上慢慢地游移……

看着眼前无边的美景，我的目光停在山坡上的一幢楼房上。那幢楼房的设计很别致，也很显眼。它背靠青山，眺望湖水。楼顶的形状呈现出起伏的波浪形，与湖光山色融为一体。但仔细看去，楼顶下面的空间空空荡荡，仅有框架，少有门窗。显然，那是一座巨大的"烂尾楼"。如此美丽的环境中，怎么会有这样一座巨无霸的烂尾楼呢？

我开始好奇地询问随行的工作人员了。

工作人员告诉我，该楼叫作南山酒店。十多年前开始修建，投资 4 个多亿。主要投资者是青海湖风景区。由于过去在没有土地指标的情况下匆匆上马，后来这个问题一直没有得到很好解决，因此就变成了烂尾楼。4 个多亿的投资一搁就是十年，光利息就是多大一笔损失啊！

我想，这酒店取名"南山"，大概是想取"寿比南山"之意吧。但如今南山酒店不"南山"了，还没有建起来就夭折了。

为什么会是这个样子呢？随行的工作人员说了一句不经意的话："也许因为它是国企吧。"

这句话深深地刺痛了我。难道国企的楼房就该如此吗？就该躺在这里任由风雨侵蚀吗？

详细询问下来，我们了解到这里的国企改革还没有到位。国企的负责人是不会承担直接的经济损失的。只要这些负责人没有将这些钱财直接放进自己的口袋，就很难追究他们的责任。

如何才能避免出现这种"南山酒店不南山"的现象呢？国企必须改制，政企必须分离！这是国企正常运行的前提和基本要求！

这座酒店迫切需要的是破产重组。它需要引进投资者，重新轻装上阵。破产重组后的企业需要成为真正意义上的现代企业。它必须具有严格意义上的法人治理结构，必须责、权、利分明。要不然，它又会重新走到老路上去了。

离开青海湖时，我又回过头来，久久地望着南山酒店。我在想，青海湖啊，我还会来的！我下次来的时候，南山酒店将会是什么样子呢？是会被人连根铲除，还是重新装修后昂然屹立在山水之间呢？但愿在青海湖美丽的山水之间，永远都不再会有这种"杰作"了！

2021 年 8 月 1 日于珞珈山

新四板及其新担当

2021 年 7 月 27 日下午，我收到青海股交中心副总裁迟真淼先生给我发来的一则短信：

"叶教授您好！这是我们青海股交的基本状况和一些粗略的发展思路、想法，想请您再帮着看一下，看如何与县域金融工程融合，谢谢！"

我马上回复他："收到，谢谢！正在外地出差。周末回汉后与您商量！谢谢您和夏总的信任，祝一切顺利！"

夏总即夏雪晶。她是青海股交中心的董事长兼总裁。

以下是迟总邮寄来的相关材料：

青海省区域股权市场基本现状及发展思路

青海股权交易中心有限公司（以下简称"中心"）作为省内唯一的区域性股权交易市场和地方人民政府扶持中小微企业政策措施的综合运用平台，是我国多层次资本市场的重要组成部分。青海股权交易中心一直以来致力于服务于省内中小微企业，为中小微企业提供培训、登记托管、股权投资管理、债券交易、投融资等服务。中心坚持以习近平新时代中国特色社会主义思想为指导，全面贯彻党中央、国务院有关建设完善多层次资本市场体系的相关要求，充分发挥了区域性股权交易市场职责，有效推动了区域经济发展。

一、中心基本情况

中心于 2013 年 7 月 6 日成立，注册资本 23600 万元，由青海省国有资产投资管理有限公司、中投证券投资管理有限公司、光大资本投资有限公司、深圳证券信息有限公司、青海省投资集团有限公司等五家法人股东共同出资设立。按照现代企业制度的要求，公司具有完善的企业法人治理结构，下设青海财富基金管理有限公司、青海丝路众投投资管理有限公司、青海国裕供应链管理服务有限公司三个二级子公司及青海丝路股权投资基金合伙企业、青海省村集体经济发展基金合伙企业两个三级子公司。中心涉及业务范围广泛，包括为企业股权、产权、债权等权益及金融、实物资产的登记、托管、过户、交易、转让、结算、抵（质）押、分红派息及投融资等提供综合金融服务；为金融产品创设及创新、产品转让与交易提供服务；帮助企业挂牌、融资及再融资，并进行会员管理；为企业并购、资产拍卖、破产清算、发行上市等提供咨询及服务，以及投资者及风险项目化解等服务。

国务院《关于规范发展区域性股权交易市场的通知》（国办发〔2017〕11 号、证监会《区域性股权市场监督管理试行办法》（证监会令 132 号），青海省人民政府办公厅关于印发《青海省区域性股权市场监督管理细则（试行）》的通知（青政办〔2018〕12 号），明确区域性股权市场的定位及功能，即：服务于本省行政区域内中小微企业的私募股权市场，是地方人民政府扶持中小微企业政策措施的综合运用平台；主要的功能和作用：一是中小微企业规范培育的平台；二是中小微企业的融资平台；三是地方人民政府扶持中小微企业政策措施的综合运用平台；四是资本市场中介服务功能的延伸平台。

二、平台业务开展及运行情况

（一）中小微企业规范培育平台

积极履行培育孵化职能，加强市场推广。中心持续深入全省各州地市县、政府相关职能部门、各大工业园区等开展"一对一、点对点"的企业调研走访及培训工作，为企业宣讲公司治理结构、财务规范、股权、

债权融资等各类金融知识，帮助企业初步了解多层次资本市场基础知识，在规范的基础上培育企业发展壮大，为企业转板上市打下坚实基础。

（二）中小微企业融资平台

1.充分发挥平台功能，以防控风险为基础，助力中小微企业融资。中心实行"一企一策"方式，为企业提供多样化融资及个性化方案，解决短期资金缺口；通过融资服务，帮助企业完善法人治理、提升财务管理水平，提高竞争能力的同时，帮助中小微企业形成较为规范的治理机制和较高的信息透明度。

2.不断创新手段，拓展融资方式。坚持企业小额融资、快速融资，为企业提供简便、快捷、高效、形式多样的个性化融资服务；通过金融模式创新、行业分析等，提高服务企业的深度和广度。截至目前，中心累计为省内中小微企业实现融资30.42亿元，发展合格投资者578个（其中个人566人，机构12家）。

3.积极促进挂牌企业股权融资。中心围绕主业，从参与国企混改、财务顾问、战略咨询、资金通道、供应链金融、综合施策平台建设、股权交易等几方面发力，借助中心较为成熟的合格投资者体系及挂牌企业优势，实现为我省中小微企业市场化股权融资。

（三）地方人民政府扶持中小微企业政策措施的综合运用平台

1.创新业务模式，实现多主体融合发展。积极参与国企混合所有制改革。中心作为独家财务顾问单位，与青海中油新兴能源公司签订了《混合所有制改革改制财务顾问协议》，全程主导改制过程。首次承办企业管理咨询业务，为省内中小微企业提供公司法人治理结构、内部管控体系及股权激励等咨询业务。

2.完成全省地方商业银行股权登记托管。积极落实商业银行股权托管相关政策，配合银保监部门完成地方商业银行的股权规范管理工作。完成全省34家非上市商业银行的股权集中登记托管工作，托管总股本67.63亿股。托管股东户数6913户，并办理股权确权、股权转让、股权冻结、股权质押等业务。该项工作的完成，填补了青海省非上市银

新四板及其新担当

行业股权托管的空白，为规范省内金融机构股权管理提供了较好的服务保障。

（四）资本市场中介服务功能的延伸平台

1.多轮驱动，加大基金开拓力度

中心控股子公司青海财富基金管理有限公司，积极推进村集体基金项目开拓，通过母子基金运作，为村集体发展、脱贫攻坚提供有力支撑。截至2020年12月底，村集体母基金规模1.13元，撬动社会资本2.15亿元，子基金管理规模达3.25亿元。

2.设立青海科创专版，提高挂牌企业质量

中心紧紧围绕目标、使命和任务，在不断提高挂牌企业数量的同时，着力提高挂牌企业质量，规范服务体系建设。为贯彻落实全省"两会"关于实施资本市场高原红行动的决策部署，在省金融监督管理局、证监局及科技厅三方共同支持下，设立了青海科创专板。首批15家企业在中心科创板挂牌，并在上海股交中心同步展示。截至目前，中心展示及挂牌企业累计429家，会员累计51家。股权托管金额276.61亿元。企业类型涵盖新能源、绿色农业、牧业、矿业、旅游业等行业。为提高挂牌企业的服务质量，中心在挂牌企业中筛选重点扶持企业，为其提供改制公司治理、财务规范、战略决策等服务。

3.设立青海区域股权市场企业综合服务平台，促进地方中小企业发展

为持续深耕中小企业服务业务，助推青海经济高质量发展，设立青海区域股权市场企业综合服务平台。平台作为企业载体，通过与省联社、青海银行合作，应用数字化网络科技，建立属地化产品折扣直销平台，打通企业上下游产业链，拓宽中小微企业销售渠道，并依托产业链，提供供应链融资服务和股权融资服务，解决企业产品销售、融资、规范管理、战略咨询、资本市场主体培育等一系列问题。2021年6月，青海区域股权市场企业综合服务示范平台被认定为2021年度青海省中小企业公共服务示范平台。

三、存在的困难和解决建议

近年来，中心围绕"四个平台"定位，不断探索，积极发挥区域股权市场职能，取得了一定的成效，也较为有效地推动了区域经济的发展，但因整体经济环境影响及平台自身运行手段和施策措施的缺失，仍未能完全发挥出平台的整体作用，未能更好地为许多有需求的优秀中小企业进行融资服务，并发挥上市"孵化器"的作用。

（一）目前面临的主要困难

1.政策支持较少，政策监管趋严，致使融资产品单一，融资规模逐渐萎缩。省内关于支持企业挂牌的优惠政策、奖励政策和配套政策措施缺乏，导致企业挂牌和融资的进度缓慢。根据我省实际情况，具备发行条件的股份制公司极少，股份制改制又增加了企业的成本和费用，且创新融资工具、担保方式均存在监管障碍，这在一定程度上影响了中小微企业融资业务职能。

2.金融创新力度不够，创新能力有待提高。以目前市场上仅有的项目（如挂牌融资费、会员费、登记托管费等），难以支撑起整体盈利。中心力求借用区域平台规范股权管理，以有效发挥平台价值，丰富企业股权手段为企业增值。但区域股权市场交易制度的不足，导致目前大多数企业无法通过股权转让的方式获得发展资金，没有建立起完善的政策扶持制度体系，对企业挂牌的积极性造成了极大的影响。

3.区域性股权市场的股权质押等服务没有实现有效推广。股权质押作为直接融资的重要方式，能有效解决中小企业因缺乏抵质押品导致的融资难问题，但由于政企协调、推广宣传、风险化解、成本控制等多方面的原因，以及与工商部门在非上市股份有限公司股权登记托管方面相关的前端流程、系统功能、责任职权等界定不清晰，同时省内金融机构以及中小企业参与度不高等原因，没有实现股权质押融资模式的有效推广。

4.村集体基金业务推进缓慢。省村集体基金（母基金）业务拓展存在一定的困难，基金在运行过程中存在撬动比例过高，撬动方式单一等问题，造成社会化募资困难，合作难度加大。此外，监管机构之间对项目带动村集体经济组织方式也存在一定分歧，致使业务推进缓慢，子基金设立与投资路径复杂，使得实操性和落地性差，私募股权基金业务开展政策限制较多。

5.业务收费较低，自身规模及影响力较弱。在区域股权市场服务中小微企业方面，我省无相关的配套政策。公司挂牌、路演、培训等业务均为免费服务项目，且未取得政策性资金的支持，存在主营业务收入与投资收益比例严重错配的情况。

中心的服务目前正在采取低收费、免收费政策，以适应目前规模及影响力不足的现状，来加快规模与影响力扩大速度，吸引更多企业加入，但就中心自身的宣传推广能力而言，影响力尚不足。亟待政府及地方金融监管机构帮助进行推广和宣传，以便有效加大区域股权市场的影响力，推动市场化、规模化运转。

（二）解决意见及建议

1.加大政策扶持力度，汇集各类中小微企业奖补政策，建立并完善综合施策平台。政府出台匹配相关政策，帮助区域股权市场有效运行，解决中小微企业融资困难的问题，用政策激励资本流入中小微企业，有效调节资源配置，同时也使得财政资金的使用更加透明化，由政府引导并激励越来越多的中小微企业挂牌。规范公司治理，通过政策支持，给予股交中心为挂牌企业提供长久有效的服务的条件。

2.促进政府引导基金发展。推动区域性股权市场与政府引导基金相结合，出台相关政策，实现通过区域性股权交易市场完成财政资金市场化的实践。通过区域性股权市场为引导基金扩大受惠面、有效服务实体经济，有利于区域性股权市场的业务实现多元化和深度化，进而形成多方互利共赢的良性循环局面。

3.创新金融试点推广股权质押业务。由政府主导，相关部门共同支持，开展股权质押业务。明确股交中心为各类非上市股份有限公司开展股权的集中登记、托管、质押融资等工作，理顺中心与工商部门的股权

注册、登记、托管等工作方面的关系，实现职能互补，防止挂牌企业多次转让股权行为的情况发生。实行委托授权交易中心统一开展本省非上市企业股权质押登记相关工作，发挥股交中心的股权质押融资功能，并积极推进交易所的融资产品与银行、券商的金融机构相对接，融合双方资源，提高平台的专业化程度。

4. 确认中心成为地方金融企业国有资产产权交易机构。为充分发挥市场配置资源的作用，更好地服务国有企业改革发展和结构调整，建议由青海股权交易中心承办本省金融企业国有资产产权交易业务，进一步规范青海省地方金融企业国有产权进行交易行为，促进地方国有金融资产有序流转。

随后，我根据青海股交中心提供的相关材料，并根据我在青海的调研情况，写下了关于青海"新四板"的若干建议。"新四板"即区域性股交中心市场。

该建议内容如下：

关于青海省区域股权市场发展的若干建议

1. 提升区域股权市场的战略定位。该市场不仅是青海省金融体系中的一个要素市场，而且是青海省金融驱动经济发展的原动力，即"火车头"。

2. 协助青海省政府大力推进全域金融工程。如果区域性股权市场能够抓住这一重大发展机遇，将全方位提高自己在青海经济发展中的推动作用。

3. 推进企业股份制改造。按照青海省企业股份制改造办法，每家企业可补助 50 万元。只要股改企业的成本控制在一定水平之下，该项工作就可彻底改变股交中心的盈利模式。

4. 做大企业股权质押融资。该项业务不仅可以改善企业融资现状，而且可以使股交中心收取可观的融资管理费用。

5. 企业发行私募可转债。此项业务所涉及的信用风险，可以通过地方政府的政策性融资担保体系予以规避和防范。

6. 股改企业上市培育。青海省目前出台的补助为 1000 万元。选择优化路径，可将中介机构的费用控制在此成本之下，即可改善区域性股权市场的盈利现状。

7. 运用现有基金做强做大股改企业。可将基金体系与担保体系结合，设计出行之有效的基金退出机制。

8. 用好用足地方商业银行托管股权，做好商业银行股权质押融资和其他融资服务。

9. 推动国资企业与民营企业之间的混改，拓宽混改企业的融资渠道，积极创造条件培养股改企业上市。

10. 做好青海省各级政府里上市企业的培育工作。根据各地政府确定的拟上市企业名单，做好上市前的辅导工作并积极对应上市渠道，加快拟上市企业的上市步伐。

11. 设立金融机构创新联盟平台，统一协调跟进金融工程行动计划。

12. 争取省委、省政府支持，对接武汉大学全国党政干部培训基地，办好各级政府党政干部金融工作、金融工程培训班。

按照该建议，青海股交中心即可与青海省域金融工程全面对接。该交易中心不仅可以在实施金融工程的过程中做强做大各级政府的国资企业，而且也可以为自己找到一个良好的盈利模式，从而实现自己的"国资规模倍增！

2021 年 8 月 7 日于珞珈山

我们期待青海实施全域金融工程

2021年7月23日，参加完"金融支持青海高质量发展座谈会"之后，我们在青海做了短暂停留。在此期间，我们和青海省金融局、青海股交中心等部门做了进一步的调研和沟通。

回到武汉大学之后。我们根据在青海省的调研情况，草拟了一份"关于青海省实施全域金融工程，推动经济高质量发展的建议"。经研究团队讨论修改后，我们将此建议书邮寄给了青海省金融工作局，并希望金融局在报告给上级领导时，一并附上我们的建议。

以下是这份建议书的初稿：

关于青海省实施全域金融工程，推动经济高质量发展的建议

青海省委省政府领导：

为进一步贯彻习近平总书记和中共中央关于西部发展一系列战略部署和讲话精神，在前期调研的基础上，我们武汉大学研究团队提出关于青海省实施全域金融工程，推动经济高质量发展的建议，以供领导决策参考。

一、青海省实施全域金融工程的理论依据及相关背景

金融工程是由政府主导，通过金融机构推动，并在高校科研机构的支持下，以金融驱动经济发展的经济系统工程。通俗的说法就是运用抓

工程的方法来抓经济发展。

中国的金融工程学科创立于 2002 年．经过二十年的发展，中国金融工程学科领域形成了鲜明的特色。这种特色就是宏观方法与微观方法的统一，就是为各级政府进行顶层设计的宏观金融工程。

中国金融工程从 2012 年便开始在湖北进行县域金融工程的示范，并且创造了中国县域金融工程的"通山模式"。从 2014 年便开始在湖北省黄冈市启动市域金融工程示范，并创造了市域金融工程的"黄冈模式"。2019 年，我们又在湖北省推动"县域金融工程升级行动计划"，并形成了省域专项金融工程的创新版。

我们在青海省实施全域金融工程，就是要在青海示范"金融工程全域版"，具体地讲，就是要在中国率先打造省域金融工程示范基地，并在此基础上逐步推广到全国各地。

二、青海省全域金融工程主要实施内容

青海省全域金融工程实施方案主要由以下内容构成：

1. 省域金融工程方案。

该方案主要由以下三大举措形成：①省域国企金融工程。该项工程主要是实施国企资产规范倍增行动计划；②省域主导产业金融工程。该项工程主要实施企业股改与上市行动；③市域（包括各州）金融工程。该项工程主要实施区域金融工程。

2. 市域金融工程方案

该方案主要有以下三方面举措：①市（州）国企资产倍增行动计划；②市（州）园区产业金融工程；③市（州）各区县金融工程。

3. 县域金融工程方案

该方案有以下内容：①国企资产倍增行动计划；②产业金融工程；③乡村振兴金融工程。

4. 乡村振兴金融工程方案

该方案的主要内容有：①乡村资产运营管理公司建设；②农交所运行体系建设；③乡村企业融资体系建设。

5. 金融机构创新方案

主要内容有：①金融机构创新产品和服务；②提高存贷贷存比；③出台奖励措施。

6. 产业基金体系建设方案

主要内容有：①设立政府产业引导基金；②放大基金体系，并扩大融资规模；③建立基金退出机制。

7. 政策性融资体系建设方案

主要内容有：①纵向融资担保体系；②横向融资担保体系；③综合性融资担保体系。

8. 金融人才战略方案

主要内容有：①建设金融工程学科和相关专业；②省内外金融工程专业人员培训；③引进各类金融工程人才。

三、青海省全域金融工程实施步骤与时间安排

1. 制定实施方案并确定试点（2021年8月—10月）

①召开青海省金融工程座谈会；②举办全省金融工程大讲堂；③启动主要党政领导及金融干部与金融工程示范省份培训与调研；④讨论并制定全域金融工程实施方案；⑤确定县域、市域和国资平台企业试点，并制定试点方案。

2. 实施金融工程示范行动（2021年11月—12月）

①实施县域示范工程；②实施市域示范工程；③实施国企示范工程。

3. 实施全域金融工程（2021年11月—12月）

①举办青海全域金融工程讨论会并召开现场工作会；②各示范单位介绍示范经验；③省政府布置并推动全域金融工程。

4. 青海省全域金融工程保障措施

①成立青海省全域金融工程领导班子；②设立青海省金融工程办公室；③制定各级政府金融工程实施方案；④举办各级政府金融工程培训；⑤建立全域金融工程考核评价与督办体系；⑥召开金融工程整体工

作会议；⑦举办金融工程论坛。

四、青海省实施全域金融工程预期效益及社会经济意义

以上各项措施和安排构成了一个完整的全域金融工程体系。其鲜明的特色为"国企金融工程＋区域金融工程＋产业金融工程＋乡村振兴金融工程"的"四轮驱动模式"。这种全域金融工程的实施，可以有效地运用金融创新，促进青海省经济高质量发展。

从青海省 2020 年的相关数据来看，GDP 为 3000 元左右，固定投资为 3800 亿左右，其贷款的增量为负 0.9%。全年的投融资增量与当年的 GDP 相比，增量投入产出比率为 1:1，即每 1 元的 GDP，需要 1 元钱融资规模驱动。我们仅仅从国资企业金融工程入手，通过实施国资资产倍增行动计划，即可在当年实现资产规模从 3000 元左右增加到 6000 元左右。国企资产规模的倍增，就是信用评级的提升，就是融资规模的倍增，就是 GDP 的倍增，就是青海金融驱动经济发展的"经济奇迹"。

青海实施全域金融工程，不仅可以创造青海模式和青海建设，而且可以实现以下具体目标：

1. 推动青海国企加快改制步伐；

2. 化解各级政府债务风险；

3. 深化产融结合；

4. 推动企业股改和在境内外上市；

5. 实现乡村振兴战略目标；

6. 树立中国全域金融工程典范。

五、武汉大学研究团队的前期成果及其对该项工作实施的信心与决心

武汉大学是中国金融工程学科的发祥地。武汉大学叶永刚教授所带领的研究团队，不仅完成了国家多项关于宏观金融工程的重大攻关项目，而且在湖北省完成了 103 个区县的金融工程示范，并且正在将金融工程示范推向全国各地。

武汉大学金融工程研究团队完全有信心和决心，在更加充分调查研究的基础上，完成全域金融工程方案的研究和设计，并且协助青海省委

省政府和各个相关部门，贯彻和落实全域金融工程的各项内容和任务。

以上建议如有不妥之处，敬请领导批评指正。

祝青海全域金融工程早日实现，祝青海经济发展创造新的典范，祝青海人民幸福安康！

叶永刚

如果青海省能够实施省域金融工程，那么无论在县域或者在市域，还是在省域，国资企业都可以发挥主导作用，国资企业的资产倍增行动计划就可以大显身手了。

2021 年 7 月 31 日下午，在给青海省政府邮出这份建议之后，我与青海省金融工作局局长陈峰同志通了一个电话。

陈峰局长告诉我：收到了我们的建议书后，我们金融局的各位领导高度重视。我们专门就此事向省委、省政府作了专题报告，并附上了你们的建议书。相信省委、省政府一定会非常重视你们的建言。非常感谢你们对青海人民的厚爱和对青海省政府的大力支持，希望你们今后给予我们更多的关爱和帮助！谢谢你们！

我放下电话，马上将陈局长的回复和想法告诉了团队的每一位研究人员。大家非常高兴并满怀信心地期待着国资倍增行动在一个更为广阔的背景和层面上徐徐展开……

2021 年 8 月 9 日于珞珈山

第十二章 国资倍增行动与中国经济发展全球战略

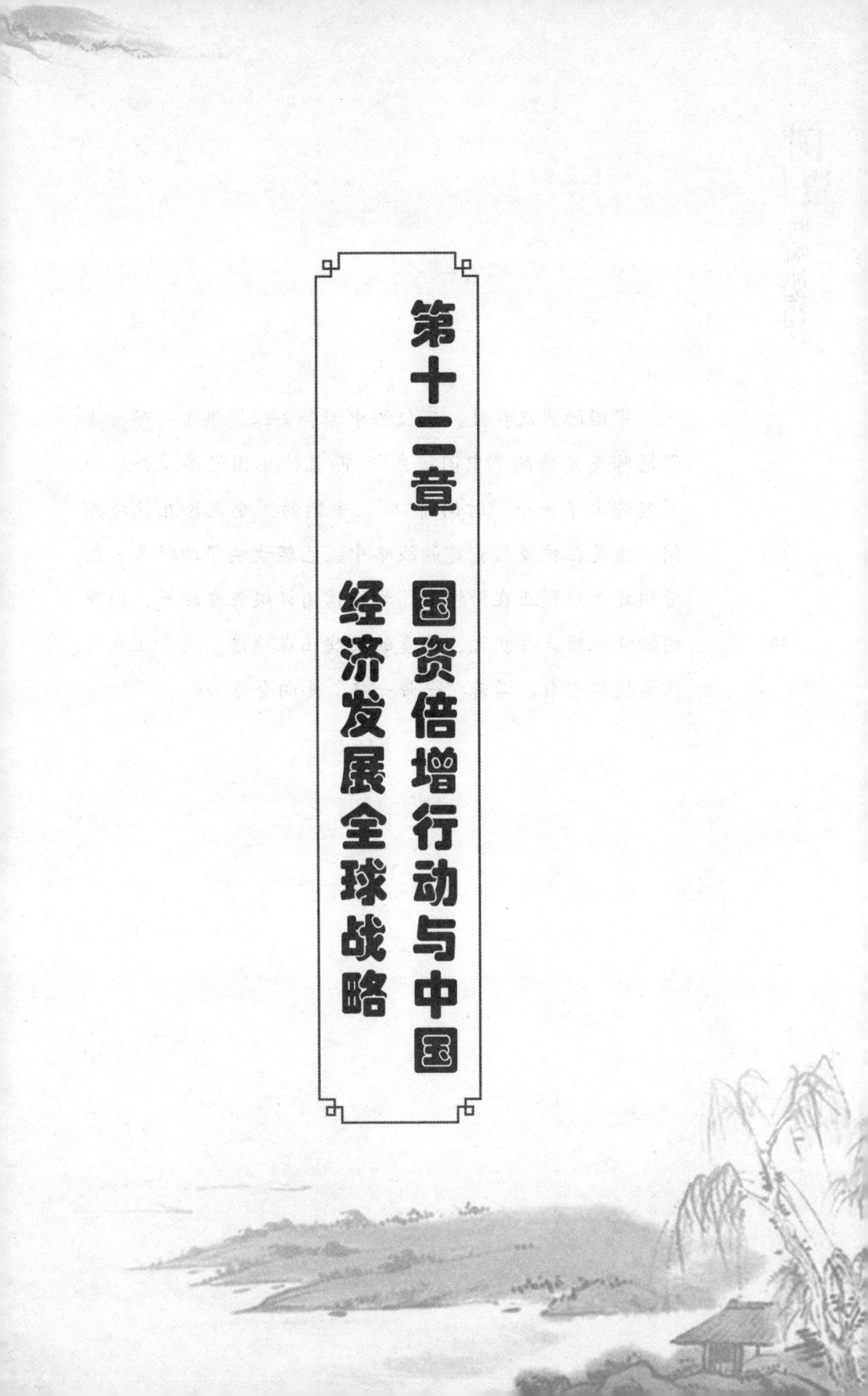

中国的武汉抗疫，不仅给中国和全球提供了一种抗击新冠肺炎疫情的"中国模式"，而且使中国经济在全球的崛起迎来了一个"时间窗口"。中国的国企无论在抗疫期间，还是在抗疫后重建的战略中，已经吹响了冲锋号。国资的资产规模正在倍增，国资的信用评级正在提升，国资的融资规模正在扩大，国资的混改正在推进，国资正在与民资挽起手来，沿着"一带一路"走向全球……

鸭脖子畅想曲

我是武汉人，人生在武汉。我们武汉人有一个重要的特点，那就是敢为天下先。武汉人不仅整出来一个武昌起义，赶跑了几千年的皇帝；武汉人不仅打响武汉抗疫第一枪，为全世界"抓住"了新冠病毒，为全球提供了武汉抗疫的宝贵经验；而且还整出了独具风味的鸭脖子，让鸭脖子成为全国人民的心爱之物。

能不能让全世界的人们都像武汉人一样，津津有味地啃上鸭脖子呢？我常常和武汉鸭脖协会的会长，汉口精武公司的董事长涂国华先生探讨这个问题。

我们得出的结论惊人地一致：完全有可能！中国有鸭脖子，外国有啤酒，用中国人的鸭脖子交换外国人的啤酒，这不就成了吗？

这叫作国际贸易。亚当·斯密、大卫·李嘉图，还有中外无数的经济学家，不都在那里思考这种问题吗？

俗话说得好，理想很浪漫，现实很骨感。涂国华先生和他们汉口精武公司一直想这样做，但一直没有做成，不仅国际贸易没有做成，而且在国内贸易方面也遇到了困难。他的企业遇到了债务风险，连资金链都断了。

大家都在帮他们想办法。一是解决他们的偿债问题，二是支持他们恢复生产，三是利用他们现有的土地整合资源搞开发。

尽管生产恢复了，然而缺少流动资金使他们形成不了生产规模。尽管在政府的支持下，他们开始预重振，基本上锁定债务了，然而土地开发的资金很难到位。怎么办呢？全世界的人什么时候才能啃上汉口精武的鸭脖子呀！

我们找来一家专门从事企业境外上市业务的中介机构，该机构的负责人给涂国华先生及团队拟出了以下几招：

1. 企业股改；

2. 境外上市；

3. 三供应链融资；

4. 地方政府上市补助；

5. 跨境电商。

涂国华先生一听，乐了！

这意味企业可以做到"一石三鸟"。企业一分钱不出，就可以做到：

1. 向全世界销售鸭脖子；

2. 解决眼前的资金困难；

3. 企业完成上市，让全世界的人都来买武汉汉口精武的鸭脖子股票。

中介机构负责人告诉涂国华先生，不仅如此，我们还可以在境外以股权质押贷款和发行债券呢！这不就可以进一步扩张你们的融资规模了吗？

涂国华先生一听，更是笑得合不拢嘴了，连连说："太好啦，太好啦，那我们就赶快签约吧！"

大家听明白，看明白，想明白了吗？这就是金融工程，这就是企业金融工程！中国的企业可以用外国人的货币购买中国的股票和债券，从而生产出美味的鸭脖子并将其卖给外国人，还可以从中赚取相当可观的利润呢！

也许大家会说，汉口精武只是一个民营企业，这和国资有关系吗？可以有关系吗？

当然可以，我们的中介公司负责人向涂国华先生建议："为了让你们的企业更快去境外上市，你们能否让政府的债权变成股权和你们的鸭

脖子企业一起上市呢？或者，你们能否跟政府商量一下，通过政府的投融资平台公司拿出一部分产业基金，跟你们的企业一起上市呢？"

涂国华先生说："只要政府愿意，我们何乐而不为呢？"

我们的政府为什么会不愿意呢？这不就是混改吗？企业混改后上市，这不就加快了企业境外上市的规模和速度了吗？

看来，让全世界的人啃上我们武汉的鸭脖子已经为时不远了！我们翘首以待呢。

2021 年 8 月 12 日于珞珈山

境外上市的神话

2017年7月22日下午，我们一行到武汉市蔡甸区一家企业调研。除了我们长江金融工程研究院的成员之外，随行者中还有一家境外上市中介机构的负责人。

蔡甸区的那家企业专门生产出口到境外的烧烤炉。我们到了那家企业之后，向该企业的王总说明了我们的来意，并希望他和他的企业能抓住这次该区实施金融工程升级行动计划的机会，尽快上市并解决当前的融资问题。

接着，他问到了境外上市的有关情况。

我向他解释：企业上市有两种路径，一种是国内上市，另一种是境外上市。境内上市的市盈率较高，可以融到多一些的资金，但是对企业有更高的要求。境外上市的市盈率目前比国内要低一些，但所要求的条件相对宽松一些。

他打断了我的话："那你说说境外上市的条件吧。"

我告诉他，按照他们企业目前的情况，显然不够在国内上市的要求。如果走境外上市的道路，应该具有很大的现实性。如果他的企业走一条我们所设计的路径，一年之内即可在境外相关市场敲锣上市。上市的成本可以控制在政府的补贴范围之内。其企业利润要求当年在500万元人民币以上即可。

他显然不相信我说的情况:"你说的大概是神话吧?天底下竟然有这样的好事!我见到的中介机构多着呢!今天这家来,明天那家来。我听多了,也听厌了!我希望你们不要在这里骗人了!"

坐在王总身边的财务总监是一位女士,她开始发话了:"给你讲话的不是中介公司的人。他是武汉大学的叶教授,来我们蔡甸帮忙推进金融工程的。我听过他在我们蔡甸区作的报告。他今天是到我们企业来调研的,我觉得他讲得很好!不要您出一分钱,还用政府的钱来帮您上市,还能在近期内帮你融到扩大生产所需要的资金。您说说这种事情有什么不好?为什么您就不能做一做呢?"

总监的话比我说的更通俗,更有说服力。王总显然动心了。但他还是有些将信将疑,朝着我说:"你刚才说只要500万元的利润就可以上市了,是吧?"我对他点了点头。

他喊来他的一个助手,让他马上在网上查一查。他要看我们给他推荐的境外证券市场是否可以容许500万人民币的利润就可以上市。

他的助手查阅之后告诉他:"王总,的确如此!"

王总这时喜形于色:"好的,那就干吧!"我告诉他,蔡甸区政府的平台公司还准备拿出产业基金来和您一起干呢!这样一来,您不仅可以强化上市的规模和速度,还可以解决眼前的融资困难呢!

随行的中介公司负责人告诉他,如果你们愿意,我们马上可以派人进场,协助你们一起做好一切需要做的准备工作。王总高兴地答应了。

2021年8月12日于珞珈山

一笔外债化解国资三角债

有一次，我们在武汉市蔡甸区政府调研国资企业的融资问题。结果发现，政府的几个平台公司之间存在一笔不小的三角债。

由于其中的一个公司已经在国内金融市场上用完已有发债限额，其他的关联公司再要在国内市场通过债券发行来融资，已经没有可能性了。而且，这些公司中的任何一家如果要在国内市场上发债，这些三角债问题，都会面临信息披露问题。

我们找到一家商业银行来讨论这个问题的解决方案。这家银行的行长告诉我，"我们可以帮这家平台公司发行外债来解决这个问题"。

我一听，高兴极了！我问他："为什么外债发行可以解决这个问题呢？"

银行行长说："境外金融市场在发债时，对企业的信息披露要求是不一样的。有的企业不符合国内要求，但它们却符合境外要求。再说，我们银行可以凭自己的信用为这些企业担保。这样一来，国外的债券购买者看在我们银行信用的份上，就可以顺利地购买这些债券了。"

银行行长的一番话让我深受启发。我又和他说到了这些外债的汇率风险问题。

他说："目前新冠肺炎疫情还在全球蔓延，美国现在正在大量'放水'印钞票，从长期来看人民币不可避免地会更加坚挺。在这种情况

下，我们当然要鼓励我们的企业利用股票、债券和多种融资方式到境外融资。因为他们融到的一般是美元外汇，当下换成人民币使用，日后还钱时，再用人民币换成美元还款。由于人民币长期处于一种升值的趋势，这种趋势对于企业的境外融资是有利的。"

人民币会长期升值吗？

他坚定地说："我认为一定会是这样的。"

2021 年 8 月 12 日于珞珈山

第十三章 珞珈山随想

　　我们这些武大人，从走进珞珈山的那一天开始，就意味着再也走不出去了。即使我们后来又走向天涯海角，珞珈山水依然像一幅浓墨重彩的油画，渲染在我们的心头，让我们永远也挥之不去。

　　而我，从1979年秋天走进来后就留下来了，留在这里任教了，而且从来就没有打算离开这里。

　　我们在这里做老师，就意味着我们在代表珞珈山发言。珞珈山一旦发言，就应该让全世界都听见……

　　全世界，你们听见了吗？正因为中国有着自己的文化优势，有着自己的制度优势，有着自己的国资优势，所以中国经济在全球的崛起谁也阻挡不了……

文化与经济发展
——珞珈山随想之一

兼论水火既济卦及其对我们的重要启示

很长一个时期以来，很多人都认为国有企业和民营企业是很难走到一起的。经济学总认为公有制经济与市场经济是不兼容的。这种思想认识造成了国企做国企的，民营干民营的，并且认为国进就一定是民退，或者民进就一定是国退。

两者真的是水火不相容的吗？或者两者只会是水火不相容吗？

中国传统哲学对此的回答是否定的。《周易》中有一卦叫作水火既济卦。上卦为坎卦，下卦为离卦。

☵——上卦，坎卦。

☲——下卦，离卦。

该卦的卦象表明，水、火这两个东西是完全可以相容的。容与不容，关键在于条件。火往上面燃烧，水往下面流淌。在水火之间如果我们加上一个鼎锅，不就可以煮上一顿美食了吗？如果没有这个鼎锅，水就会浇灭火，两者就相克了。

国企和民企之间如何做到相容而不是相克呢？

那就是要找到这个鼎锅。我认为这个鼎锅就是股份制。股份制是一种现代企业制度，它完全可以形成规范的法人治理结构。

国企股权和民营的股权在一起，形成混合所有制企业的前提之一是国企必须政企分开。现在有很多国企并没有实现真正意义上的政企分开，因此很难形成规范化的混合经济。

政企不分带来的最大害处就是企业的亏损。形成这种亏损的原因很多，但最重要的无非就是两条。一是没有内在动力，二是没有外在压力，并且容易形成"高价进"和"低价出"的"价格转移"现象，从而造成国有资产的流失。

目前，国家已经明确提出国企改革三年行动计划，希望能够在三年内实现国企转型升级的改革目标。但是各地的改革进程发展很不平衡。总的来看，中央国企做得要好一些，地方国企做得要差一些。各地的发展也不平衡，有的地方快，有的地方慢。

最大的障碍看来还是思想认识的问题。如果大家能够上升到国家战略的高度来认识这个问题，这个进程就会加快了。

我们目前在各地推进金融工程就是要不遗余力地加快其步伐！

2021 年 4 月 4 日于珞珈山

制度与经济发展

——珞珈山随想之二

　　每次走进武汉大学经济与管理学院的大楼，都可以看见我的恩师谭崇台先生的铜像。先生儒雅庄重，端坐于庭院之中，手捧书卷，笑迎东方日出。

　　今天早晨，我又走到先生跟前，深深鞠躬，然后回到办公室，开始奋笔疾书。

　　我又想起先生昔日的谆谆教诲。

　　我记得有一次，我和太太一起看望老人。老人语重心长地对我说："叶永刚，我们都是学习西方经济学的。别忘了，西方经济学根本救不了中国。"从此以后，老人家的这句话总在我的耳边回响。

　　我常常在想：为什么西方经济学救不了中国？

　　我们所说的西方经济学，也称为宏微观经济学。它是西方的主流经济学，强调市场价格机制在经济资源中的配置作用。简单地说吧，市场也有失灵的地方，因此，国家干预并不能缺席。正因为如此，只有将政府的有形之手与市场的无形之手相结合，才是中国经济发展的正确选择。也许这就是先生要我们去弄明白的道理吧。

　　我在师从先生攻读西方经济学博士学位期间，研究方向是发展经济学。发展经济学不仅要研究发展的基本概念，而且还要研究影响发展的主要因素，从而根据发展中国家的实际情况，制定相应的发展战略和模式。

有一次，我们一帮学生在课后与谭先生闲聊。我们笑着问谭先生："我们研究发展经济学有没有禁区？"谭先生回答我们："尽管没有这种规定和说法，但我们在国内研究发展经济学，有些研究领域大家还是不愿意去碰的。"

我们不肯罢休，继续穷根究底："哪些问题大家不愿意去碰呢？"

谭先生看着我们这种打破砂锅问到底的劲头，又告诉我们："比如说经济发展与制度因素之间的关系问题。"谭先生说完这句话就走了，留下我们这一帮糊涂学生依然坐在教室里争论不休。

为什么长期以来国内研究发展经济学的人不愿意去碰这个问题呢？谭先生之所以没有正面回答我们，是希望提醒我们，让我们自己去动脑筋思考。

长期以来，我们在经济学研究方面受西方经济学的影响太深。我们所学习的发展经济学也是从西方引进来的。西方的发展经济学是运用西方经济学的基本原理研究发展中的问题。在西方的发展经济学中是不存在我们现在所提出的"新发展理念"的。因此，如果按照西方经济学和发展经济学的原理去研究发展与制度的关系，可想而知，得出的结论很可能就是所谓"华盛顿共识"，而不是"北京共识"了。

"华盛顿共识"强调的是"美国梦"，是要全世界的国家和人民都去接受美国的价值观，全部去做"美国梦"。而"北京共识"则不然，它强调的是与美国不同的价值观，是要中国人民发挥自己的制度优势，实现"中国梦"。它希望全世界国家根据自己的实际情况，选择自己的发展道路，做自己的"本国梦"。

对于我们中国的经济学界来说，经历了这场新冠肺炎疫情，我们终于看清了一个事实，这个世界上不仅可以有"华盛顿共识"，而且也可以有"北京共识"。特别是对于我们中国这个发展中的大国来说，我们

更需要的是"北京共识"，而不是"华盛顿共识"。因为我们仍然是发展中国家，而不是发达国家。我们不仅需要市场之手，而且需要政府之手。因为我们是公有制国家，而不是私有制国家，因此，我们不仅要发展民营企业，而且要发展国有企业。因为我们是发展中大国，而不是发展中小国，因此，某些发展中小国的做法，对于中国来说并非就是最好的选择。

在新冠肺炎疫情面前，我们中国，我们中国的人民和学者终于明白了，终于觉悟了。我们的制度优势终于发挥自己的强大威力了。我们的"北京共识"终于赢来了中国人民的"共识"，甚至也成为全世界越来越多国家的"共识"了。

写到这里，我真想站起身来，重新走到谭崇台先生的跟前。我要告慰谭先生："谭老师，我们这些研究发展经济学的学生，今天终于可以去碰发展与制度的关系问题了。"

2021 年 8 月 11 日于珞珈山

股份制与经济发展

——珞珈山随想之三

在我们武汉大学经济管理学院，李崇淮先生是传奇式人物，他有很多为人津津乐道的传奇故事。例如他从美国耶鲁大学毕业回国时，曾受中共地下党的委托，去做同坐一条船的美国大使司徒雷登的工作，让他不要帮蒋介石打内战。李崇淮先生居然顺利地完成了这次任务。我大学毕业后有幸留校在李先生手下工作，后来又在职攻读他的硕士研究生。我一边在他领导的国际金融系教书，一边读完硕士学位课程。因此几十年下来耳濡目染，知道了不少他人很难知道的事情。

20 世纪 80 年代是中国一个风起云涌的时代。我 1979 年进入武汉大学经济系攻读本科，1983 年留校任教。我记得武汉大学当时在全国举办了第一次关于股份制的论坛。李崇淮先生当时不仅积极参与论坛活动，而且带着我们一群武汉大学的老师和学生，根据那次论坛的主要内容，编写了中国改革开放后的第一本关于股份制和股票市场的专著。在那本书中，李先生安排我写作股票市场的章节。

我清楚地记得当时李先生告诉我们："股份制是具有集体性质的公有制形式，资本主义能够使用，我们社会主义同样能够使用。"

这次会议和这本专著在全国的影响很大，后来全国上上下下都开始

了关于股份制的讨论。这些讨论为中国后来的改革开放奠定了坚实的理论基础。

为什么股份制能够在中国的改革开放进程中发挥巨大的作用？这是由股份制的性质所决定的。股份制的一个最大的特点就是所有权与经营权的分离，这就保证了不同所有者作为股东整合在一起并不会影响到企业的经营管理活动。

为什么我们的国企和民企之间能够进行混改？因为我们能够找到一种有效的资源配置方式，这就是股份制。一旦我们突破了这种思想障碍，我们的制度优势就会极大地显现出来了。

因此，我们的股份制不仅可以在中国城市改革的进程中发挥巨大的作用，而且在中国的乡村振兴进程中同样可以发挥作用，甚至可以发挥更大的作用。

现在中国的集体产权制度改革正在探讨股份制的道路。毫无疑问，这将对中国农村经济的发展产生的影响。但是，在这种改革的进程中，也出现了一种值得我们注意的问题，那就是我们有些地方的股份制不是走向企业化，而是走向合作化了。合作化只是我们过去经历过的人民公社的一种初级形式，这种形式具有"大锅饭"的性质，无法从根本上解决责、权、利的一致性问题。

因此，我们主张中国农村的股份制应该一步到位，走向公司制，而不是合作制。不仅乡村的股份制应该走向公司制，而且集体性质的公司制可以与国有性质的公司制形成混合所有制。只有这样，我们中国农村经济发展才能走向一条真正具有中国特色和具有社会主义制度优势的康庄大道。

我又想起了我的老师李崇淮先生。李先生，我这样说您会赞成吗？我仿佛看见李先生正在微笑着朝我点头默许呢！

2021 年 8 月 11 日于珞珈山

混改可以混出什么来

——珞珈山随想之四

坐在办公室里，我忽然想起一个问题：

混改可以混出什么来？

想来想去，脑中冒出了一个答案：混出利润来！

我想起了前些时候的一个案例。我们到某个城市开展金融工程行动计划，试图将一家国企公司与一家民营公司进行混改。那家国企的融资成本为 3% 左右，而那家民营企业的成本则为 8%。更具有讽刺意味的是，那家国企公司的利润几乎为零，而民营企业则有颇为可观的利润额。

如果将这两家公司混改，可以混出一个什么样的结果呢？对于混改后的公司来说，仅就融资成本一项不就省出了 5% 的净收益吗？省下的不就是利润吗？

为什么会省出 5% 的利润来呢？

从金融工程的原理来看，这就是一种套利活动。同样的一个东西，如果有两个价格，套利者就可以低价买进而高价卖出，从中赚取差价。一种资金对于两个企业具有不同的利息成本，将两个企业进行混改，不就从中赚取了差价吗？这个过程也相当于利用国企的身份借入低利息资

金后放进了可以赚取高额回收的民企。

也许有人会问："为什么国企的利息成本低一些，而民企的要高一些呢?"

这个问题比较复杂，仅从金融工程的原理来看，不同的企业具有不同的信用评级，这些信用评级代表企业的信贷风险差别，从而决定了相应的资金成本差别。对于各地政府的投融资平台来说，由于他们的政府背景，使其具有比一般民营企业更高的信用级别，因此其融资成本就会低得多了。

这里仅仅讨论融资成本的差别对于混改的意义和作用，至于其他方面更为广泛的问题，就不在这里展开分析了!

2021 年 7 月 12 日于珞珈山

金融工程与经济发展

——珞珈山随想之五

什么是金融工程？金融工程与国企有关系吗？与经济发展有关系吗？

我希望中国的每一个经济理论工作者和实际工作者都能够明白其中的道理。

首先，我们琢磨第一个问题：什么是金融工程？

从学术上讲，金融工程是运用金融工具和策略来解决金融财务问题的工程。这样说，对于大多数并非从事金融工程研究的人员来说，恐怕仍在云里雾里。

近些年来，为了让大多数人听明白，我常常用三个字来形容金融工程，就是"借、还、赚"的学问和方法。

金融从字面上讲，就是资金融通。资金就是"钱"，"融通"就是借，金融就是借钱，最简单地说，就是一个"借"字。

金融工程呢，就是在"借"字后面加上"还"和"赚"两个字。能还就能借，能赚就能还。

但是，中国的金融工程与外国的金融工程相比，还有很大的不同之处。外国的金融工程主要是微观金融工程，它的"借、还、赚"主要用

于个人、企业和金融机构，它的主要目的是通过金融创新来赢利。而我们中国的金融工程并没有完全走国外金融工程的道路。

我们的金融工程，从它诞生的那一天开始，就在自己的旗帜上鲜明地写上了"宏、微观统一的金融工程"。

为什么会是这样呢？因为中国的金融学不同于国外的金融学。从学科上讲，国外的金融是微观金融，主要是为企业和金融机构培养微观人才，而我们的金融是宏观与微观相结合的金融。经济学走到哪里，金融学就走到哪里。金融学走到哪里，金融工程学就走到哪里！

明白了，中国的金融工程不仅要为企业和金融机构培养人才，也要为政府培养人才。因此，在中国的金融工程字典中就有了一个名称，叫作宏观金融工程。而这个名称在国外的西方经济学和金融学的字典中是很难找到的。

有了宏观金融工程，就有了各级政府的金融工程。过去各级政府只有财政工程，而没有财务工程。宏观金融工程就是政府的财务工程。过去各级政府只关心自己的财政问题，他们总觉得金融部门、企业部门和家户部门与自己关系不大，很难协调，而宏观金融工程所要告诉他们的就是如何将政府的财政资源与家户、企业和金融机构的经济资源进行协同创新。这种新的学问和方法会使各级政府部门的管理者豁然开朗，甚至如获至宝。

接下来我们可以回答第二个问题了：金融工程与国企有关系吗？

我们的回答是肯定的：有关系，而且有十分密切的关系！

金融工程就是要念好三字经，"借、还、赚"，我们的国企不就是要念好这三字经吗？不少国企之所以出问题，不就是没有念好这三字经吗？

我们还可以将这"借、还、赚"三字经换一个说法，叫作"一手抓住三条鱼"的"三条鱼理论"。哪三条鱼？"风控、创新和盈利"！"借"不就是要"创新"吗？"还"不就是要"风控"吗？"赚"不就是要"盈利"吗？

过去我们不少国企，特别是地方政府、投融资平台公司，只注意到"借"或者说"创新"，而没有抓住另外"两条鱼"，因此留下了大量的隐性债务风险。我们要想真正化解这些债务风险，就得从头到尾认真学习金融工程的原理，从而真正提高自己的金融风险管理水平。

明白了金融工程与国企的关系，我们再来回答第三个问题：金融工程与经济发展的关系。

我们不妨在这里先扯远一点吧。

我在1979年刚刚考上武汉大学时，我所学的本科专业是政治经济学。一开始我根本不知道这个专业是干什么的，后来才渐渐明白了，它就是中国的经济学。再后来我跟随李崇淮先生学习国际金融，师从谭崇台先生攻读发展经济学，再后来到美国学习金融工程。从美国回来后，我主要是想将金融学、经济学和金融工程熔于一炉进行研究。简单地说，就是想要将金融工程与经济发展结合起来研究，特别是想在如何运用金融创新来驱动经济发展方面进行探讨。

我们的金融工程恰恰可以直接服务于这个目的。我们的金融工程可以研究金融与经济的关系。一旦我们明确了金融与经济的关系，我们不就可以运用金融创新推动经济发展了吗！

我们在这本书中之所以要让国资吹响冲锋号，不就是要实现国资倍增吗？国资倍增了，不就可以实现社会融资规模的倍增吗？社会融资规模倍增了，不就可以创造更多的GDP吗？

原来，我们之所以让国资吹响冲锋号，就是要用金融这个"火车头"驱动经济发展啊，就是要让我们的经济列车轰隆轰隆地向前飞奔啊！

2021年8月11日于珞珈山

后　记

　　昨天刚刚立秋，武汉暑热依旧。站在高处看珞珈山水，烈日之下就像一笼刚刚蒸熟的包子，每一个地方都在冒着热气。走在这里的每一寸土地上，都感觉热浪滚滚、烈焰逼人。更有甚者，南京禄水机场事件升温，又是一轮新冠肺炎疫情。我们学校有一个校区已经发现无症状感染者四例。这几天学校开始了全员核酸检查，我们的金融工程行动又一次受阻。学校出于对我们教职员工的爱护，不让出差了。外面的每一个人进学校前都需要查看健康码，都需要测体温！

　　我暗暗下定决心。趁着炙热的天气和疫情，正好沉下心来完成《国资吹响冲锋号》的写作。

　　学校这段时间放假了。为了节省成本，我们经济管理学院整座大楼的中央空调停止运转，走进办公室就是一身热汗。好在室内有一个电扇，让它摇摇晃晃地开着吧。拉开窗帘，让门窗开着，没有一丝儿风，总会有些空气流动吧。再到走道上打来一壶开水，泡上一杯清茶，放凉一些，大口大口地喝下去，让汗水在全身流淌。再伏在案头摊开稿纸，蘸着汗水奋笔疾书！

　　终于在 2021 年夏天的酷热之中完成了这部书稿。我看着这一部浸透着汗水的书稿，开始为它写后记了！

　　我想，2020 年武汉抗疫的日日夜夜，我和我的研究团队全都被困

后
记

263

在家里了。我们并没有停下自己的工作步伐，我们写下了《金融最后一公里——乡村振兴金融工程笔记》这部著作。武汉抗疫刚刚结束，我们这部作品正式出版。正好配合中共中央的乡村振兴战略，我们举办了第一届"中国乡村振兴金融工程论坛"暨这部专著的首发式，从而打响了中国乡村振兴金融工程的第一枪！

武汉抗疫之后，中国经济疫后重振的问题摆在我们每一个人面前。我们在珞珈山这片土地上想到了我们的经济如何在这种严峻的形势下奋然崛起。

武汉抗疫的胜利使我们重新认识了这个世界，也使我们重新认识了自己。我们开始觉悟了，我们重新认识我们的制度优势和文化优势了！

我们终于看清我们的国资企业在武汉抗疫和疫后重振中的地位和作用了！

我们向武汉市建言，建议武汉市尽快实施国企资产倍增行动计划，武汉市采纳了我们的意见。我们向湖北省报告，湖北省马上开始了国资改革行动。我们向北京呼吁，很快我们就看到北京出台了国企三年改革行动计划！

我们的国企吹响疫后经济重振的冲锋号了，我们的国企开始加快改革步伐了，我们的国企以资产倍增作为突破口了！我们的国企不仅通过资产倍增解决钱从哪里来的问题，而且通过金融创新解决钱到哪里去和钱的风险如何控制的问题了！

我们武汉大学的研究团队配合各地政府，不断推进着金融工程升级和资产倍增行动计划。在国资企业嘹亮的冲锋号中，我们奋勇向前。我们在湖北这片火热的土地上创造出新的业绩。在云南、在广西、在贵州、在青海，在每一个召唤着我们的地方，我们义无反顾，冲锋陷阵！

我们又一次向人民东方出版传媒的领导和老师们报告了我们的工作和愿望，我们想出版一本国企金融工程笔记，记录下国企改革的咚咚脚步声和这划破天空的冲锋号。这些领导和老师给了我们坚定的支持和回答，于是便有了这本书和这篇后记。

写到这里，我要深深感谢我们武汉大学研究团队的全体成员，没有大家的智慧和汗水，就没有这一树累累的果实。我要深深感谢各地政府的领导和朋友们，没有他们的大力支持，就没有我们纵横驰骋的这一片疆场。我们要深深感谢珞珈山这一片神山圣水，没有它的培养和哺育，就没有我们在这里的成长和创造。最后，我要深深感谢帮助过我们的每一个人，深深感谢让我们辛勤耕耘的每一寸土地……

　　疫情又一次向我们扑来，但是我们不怕！因为我们又听见了我们国企的咚咚脚步声，又听见我们国资嘹亮的冲锋号，正在划破长空……

2021 年 8 月 8 日撰写于武昌珞珈山

2021 年 8 月 13 日修改于武昌珞珈山

后
记